El juicio de partición: con especial refetencia a la materia sucesoral, conyugal y las uniones de hecho
©Tulio Alberto Álvarez-Ramos

ISBN: 9798345135426
EDICIONES CIECA, Centro de Investigaciones Económicas
Diseño y diagramación: Carmen Beatriz Salazar
Portada: @MechideTulio
Caracas, Venezuela-2024

EL JUICIO DE PARTICIÓN:

Con especial referencia a la materia sucesoral, conyugal y las uniones de hecho

TULIO ALBERTO ÁLVAREZ-RAMOS
PROFESOR TITULAR, JEFE DE CÁTEDRA DE CASACIÓN CIVIL
INVESTIGADOR DEL INSTITUTO DE INVESTIGACIONES JURÍDICAS
UNIVERSIDAD CATÓLICA ANDRÉS BELLO, U.C.A.B

PROFESOR TITULAR, JEFE DE CÁTEDRA DERECHO CONSTITUCIONAL
UNIVERSIDAD CENTRAL DE VENEZUELA
CARACAS 2024

ÍNDICE

PRESENTACIÓN

Como aclaré al momento de presentar los tomos de la Cuarta Edición de mi libro Procesos Civiles Especiales Contenciosos, mis escritos sobre el proceso venezolano son el fruto de una experiencia profesional en diversas áreas jurídicas y una actividad académica, como investigador y profesor por más de cuarenta años, en las Facultades de Derecho de la Universidad Católica Andrés Bello, Universidad Monteavila y Universidad Santa María, y en la Facultad de Ciencias Políticas y Jurídicas de la Universidad Central de Venezuela.

Mi objetivo es facilitar un instrumento que sirva de apoyo para el ejercicio profesional de mis colegas en el foro, pero también pretende ser una guía para los estudiantes de Derecho Procesal Civil. En materia tan especial como la procesal, me he convencido de lo necesario que es balancear una buena formación teórica con la profusa práctica profesional. La experiencia me ha enseñado que sólo se puede profundizar en el estudio de las instituciones de derecho procesal si se comparte esa actividad con la verificación de la aplicación de las normas, tal como la realizan los órganos jurisdiccionales.

Quizás sorprenda la permanente utilización del Derecho Quiritario en esta obra. Creo que no existe mayor apoyo para la comprensión de las instituciones jurídicas actuales que las fuentes primarias del Derecho Romano; las mismas que han sido mi predilección al impartir esa materia, no con la exclusiva visión histórica, al contrario, pretendo demostrar la importancia del dominio de las soluciones pretorias en la interpretación de las instituciones jurídicas actuales.

Utilizo la versión latina de las Institutas de Justiniano editada por Krueger y Momsem; y, de este último, su versión latina del Digesto, editadas ambas en Berlín, en 1954. También me aprovecho de la obra Manuel des Antiquités Romaines, escrita por Marquardt y el mismo Momsem, con edición de Paris, 1894. Como se ha podido constatar en el desarrollo del trabajo, trato de colocar las citas más relevantes contenidas en el Digesto, para permitir una verificación directa en lengua latina por parte del lector calificado.

Por último, la exposición de las materias contenidas en este trabajo sobre el "Juicio de Partición: Con especial referencia a la materia sucesoral, conyugal y a las uniones de hecho", esta direccionada por la Jurisprudencia del Tribunal Supremo de Justicia. Espero nuevamente que mis colegas, profesores y alumnos, lo evalúen tomando en consideración la intención pedagógica, siempre presente en este esfuerzo.

Tulio Álvarez-Ramos
Profesor Titular UCAB-UCV
Investigador del Instituto de Investigaciones Jurídicas de la UCAB

Carúpano, 20 de septiembre de 2024

Abreviaturas

A los efectos de facilitar la lectura del presente trabajo se utilizarán las siguientes abreviaturas:

Código Civil / C.C.
Código de Comercio / C.Com.
Código de Procedimiento Civil / C.P.C.
Ley sobre hipoteca mobiliaria y prenda sin desplazamiento de posesión / L.H.M.P.P.
Ley Orgánica del Tribunal Supremo de Justicia / L.O.T.S.J.
Sala de Casación Civil de la Corte Suprema de Justicia / S.C.C.C.S.J.
Sala de Casación Civil del Tribunal Supremo de Justicia / S.C.C.T.S.J.
Sala De Casación Social Del Tribunal Supremo De Justicia / S.C.S.T.S.J.
Sala Constitucional / S.C.

En las fuentes quiritarias:

Capítulo   c.
Proemio   pr.
Fragmento   fg.
Institutas   I / Inst.
Digesto   D / Dig.
Codex   C / Cod.
Novelas   N / Nov.
Constitucion   Const.

Primera parte

Nociones generales en el relacionamiento entre la comunidad y sus mecanismos de disolución

Capítulo I
Perspectiva histórica de la regulación de las controversias sobre bienes vinculadas a la relación familiar

1. Ratio quiritaria en los mecanismos de solución de controversias familiares

A pesar de lo que podría inferirse de la ubicación del proceso de partición en el Título V de los Procedimientos Especiales Contenciosos del vigente Código de Procedimiento Civil venezolano, regulador de los procedimientos relativos a las sucesiones hereditarias, este procedimiento de partición es genérico ya que abarca la posibilidad de efectuar una liquidación y distribución de los bienes que integren cualquier comunidad, por lo que no se limita a la división de una herencia.

La percepción de una estricta vinculación entre la partición y la comunidad hereditaria, lo que evidentemente podría crear confusión y fallas en el proceso interpretativo, tiene su justificación en la mayor densidad de los problemas sucesorales y en el origen involuntario de la comunidad sucesoral, dado que nace por la muerte del *De cuius* (*de cuius hereditate agitur*). Si nos enfocamos en la patriarcal sociedad romana, los conflictos intrafamiliares fueron los más profusos y de mayor entidad en los escenarios de aplicación de aquel derecho en formación de los primeros tiempos de germinación de la *romanitas*; por lo que la necesidad de resolver las disputas generadas por esa *communio incidens* se hizo prioritaria; la no resolución de esas situaciones, trabaría inevitablemente el desenvolvimiento económico de los miembros de la familia e implicaría un alto riesgo de daño patrimonial.

Desde mi enfoque metodológico, un componente básico en la interpretación de cualquier institución jurídica actual implica la revisión de su origen, evolución histórica y mutaciones, apreciación que también incluye los mecanismos adjetivos; en el presente caso, aquellos relacionados con la liquidación de un régimen patrimonial determinado. De manera que resulta imprescindible asumir el contexto social para diferenciar la efectividad de soluciones históricas que fueran convenientes en el pasado, quizás inaplicables en el presente.

Es por ello que cabe la advertencia sobre el hecho de que la sociedad arcaica quiritaria, en un inicio y en buena parte de la etapa clásica del derecho romano, se sostuvo en la fortaleza de una institución familiar en la que la figura del *Pater familiae* ejercía la libre administración de los bienes familiares, con la misión de preservarlos por el bien común de los miembros. Por supuesto, con la muerte de ese ductor que detentaba la *liberam administrationem bonorum rei familiaris*, se manifestaba una coyuntura que entremezclaba, eventualmente, la sustitución práctica de quien había sido cabeza de familia con la diseminación en nuevos núcleos familiares; además, involucraba problemáticas varias, como la referida a la comunidad involuntaria, el nacimiento de la sociedad como contrato y el régimen de los bienes afectos a una sucesión.

Confieso aquí una marcada tendencia, en lo personal, a la regresión institucional quiritaria para comprender y explicar el orden de los conceptos normativos actuales. Cuatro décadas como profesor de Derecho Romano dejan su huella y ciertas mañas, pero el punto es que ese recurso metodológico me ha resultado útil en la actividad profesional, ¿qué no añadir en la actividad pedagógica? Es así que, en estos temas tan actuales, marcados por los conflictos propios de una sociedad perfilada por avances tecnológicos y "mutaciones éticas", aún son válidas las soluciones prácticas a controversias perennes; y sería un desatino prescindir de esa técnica.

Esto lo sostengo reconociendo que no existe unicidad en el sistema quiritario, variable en el tiempo y por el espacio de vigencia territorial, por lo que el derecho arcaico regulador de la comunidad familiar, en razón de la *hereditas* que se origina con la muerte del *Pater familiae*, no se corresponde con el Derecho Justinianeo de última generación, tampoco con el Derecho Romano Bizantino. Sin embargo, la intelección del origen y su necesaria evolución, develan la *ratio* de su dialéctica y el pragmatismo de sus soluciones.

2. Coexistencia y relación entre comunidad, consorcio y sociedad.

En efecto, la primera figura de una *communio,* como tema controversial, aparece en el antiguo derecho romano con la comunión de bienes hereditarios que se producía automáticamente conformando un *consortium ercturn non cito*, a la cual hay que agregar la forma, ya voluntaria, del *consortium inter fratres*; luego surgiría otra fórmula voluntaria que vinculará a quienes no son integrantes de una misma familia, pero se unen por un objetivo económico común como *consortium inter alios.*

En el caso del primer consorcio que se manifiesta en forma natural involuntaria, el hecho de que los bienes comunes pertenecieran a todos los miembros del consorcio, con capacidad individual de disposición, era la consecuencia directa de lo que considero un derecho de copropiedad preexistente bajo la estricta administración del *Pater familiae*. De manera que no se puede equiparar estos consorcios con la sucesión moderna, en la que la repartición de los bienes comunes, producto de una partición, tiene un carácter constitutivo dominial a favor de los herederos que no tenían propiedad particularizada de alguno de los bienes comunes.

El *consortium ercto non cito* surgía en forma automática por la muerte del *Pater*, por tal razón era una institución adecuada a la naturaleza de la familia romana; sin embargo, la continuidad del mismo, su pervivencia sin esquema de disolución, si es la consecuencia de un acto de voluntad de los *heres*, quienes no impulsaban la *actio familiae erciscundae*, procedimiento manifiesto como primera *actio* de división de bienes comunes en la historia quiritaria.[1]

Es así que el origen de la sociedad tal como la conocemos en la actualidad, la cual fue necesariamente una *societas ómnium bonorum* entre hermanos, nace de un consenso por conveniencia; ya que la dispersión de los bienes familiares, en el supuesto de definitiva distribución entre los herederos, restaría el valor agregado del conjunto destinado a la explotación del negocio familiar o a actividades productivas específicas.

De manera que esta sociedad que afectaba a todos los bienes de una pluralidad de socios fue pionera en un camino que, para la época de Gayo (siglo II de nuestra era), se concretaba en dos categorías: "El contrato de sociedad puede ser o de todos los bienes o para un negocio determinado, por ejemplo, para compra o venta de esclavos";[2] mientras que Ulpiano (Siglos II y III de nuestra era) refiere los tipos de sociedad que serán

---

1 Un mecanismo existente en el derecho arcaico que es recogido en la Ley de las Doce Tablas, tal como lo refiere el Digesto recogiendo el criterio de Gayo: D.10.2.1.pr.: *Gaius libro septimo ad edictum provinciale. pr. Haec actio proficiscitur e lege duodecim tabularum: namque coheredibus volentibus a communione discedere necessarium videbatur aliquam actionem constitui, qua inter eos res hereditariae distribuerentur*. En el mismo comentario, Gayo nos ofrece el perfil de la excepción que debía ser utilizada como respuesta procesal a la *actio*, dirigida a la negación del carácter de coheredero del actor, mediante la fórmula: *si in ea re, qua de agitur, praeiudicium hereditati non fiat*. Fijémonos que esta es una excepción perentoria, al negar la cualidad para actuar del accionante, precisamente la cuestión jurídica sustancial en la resolución de toda controversia vinculada a una partición sucesoral en el actual derecho adjetivo venezolano.

2 Inst.3.25.1. Institutas, Líber III, Titulus XXV. De societate.*1. Societatem coire solemus aut totorum bonorum, quam Graeci specialiter appellant, aut unius alicuius negotiationis, veluti mancipiorum emendorum vendendorumque, aut olei, vini, frumenti emendi vendendique.*

14

recogidas en la Codificación Justinianea: *Societates contrahuntur sive universorum bonorum* (sociedad universal de bienes), *sive negotiationis alicuius* (sociedad para negocios de una misma naturaleza), *sive vectigalis* (sociedad para la concesión impositiva) y *sive etiam rei unius* (sociedad por un solo negocio).[3]

En consecuencia, la sociedad primigenia vinculada íntimamente al tema que nos ocupa, origen del moderno contrato de sociedad, fue una especie de *societas ómnium bonorum* de acuerdo al derecho de última generación quiritaria, porque todos y cada uno de los socios aportan en común todo su patrimonio, tanto los bienes actuales como los futuros, conformándose un *consortium*.[4]

Fijémonos en la diferencia práctica procedimental, en el sistema quiritario, entre verificar una herencia como comunidad involuntaria, la *communio incidens* cuyo caso típico es la herencia, a la de existencia de una sociedad. Si se tratara de socios (*socii*), en el derecho quiritario los miembros estarían vinculados por una relación de indivisión y, en consecuencia, la acción que podría originarse en el contexto de esa relación sería la *actio pro socio*; no la *familiae erciscundae* o la *communi dividendo*, dirigida la primera a repartir entre cada uno de ellos los beneficios y las cargas, lo que implica la existencia de obligaciones correales o *in solidum*.[5]

---

3 **Ulpianus, libro 31 ad edictum;** referenciado en el **Digesto: D. 17.2.5 pr.**: *Societates contrahuntur sive universorum bonorum sive negotiationis alicuius sive vectigalis sive etiam rei unius.*

4 **Paulus, libro 32 ad edictum, D.17.2.1: pr.** *Societas coiri potest vel in perpetuum, id est dum vivunt, vel ad tempus vel ex tempore vel sub condicione. 1. In societate omnium bonorum omnes res quae coeuntium sunt continuo communicantur.*

5 Ulpiano destaca el punto al comentar la Lex Falcidia y citar a Juliano: **Ulpianus libro primo ad legem Iuliam et Papiam, D.35.2.62.pr.**: *In lege Falcidia hoc esse servandum Iulianus ait, ut, si duo rei promittendi fuerint vel duo rei stipulandi, si quidem socii sint in ea re, dividi inter eos debere obligationem, atque si singuli partem pecuniae stipulati essent vel promisissent: quod si societas inter eos nulla fuisset, in pendenti esse, in utrius bonis computari oporteat id quod debetur*

Ahora bien, no cabe lugar a confusión, el acuerdo societario es temporal por lo que existe la posibilidad de disolución por la renuncia de un socio.[6] Si uno de los socios se hubiere querido retirar, bastaba con la manifestación de voluntad; por cuanto, como sostenía Paulo, una sociedad *in aeternum* es nula.[7] Pero además existen otras posibilidades:

a) La muerte de uno de los socios, dado el carácter person-alísimo de la sociedad, pero existían excepciones: Por ejemplo, en la *societas vectigalium* la sociedad continúa con los herederos del fallecido, salvo que el *De cuius* hubiera sido esencial en la constitución y funcionamiento de la sociedad.[8]

---

vel ex cuius bonis detrahi. Ulpiano recurre al comentario de Juliano para fijar la regulación expresa de la situación en que dos partes prometen una cosa por estipulación siendo socios en la misma; caso en el cual la obligación debía dividirse, aunque lo debido afectaba los bienes de cualquiera de ellos.

6 **D.17.2.63. Ulpianus, libro 31 ad edictum:** *Societas solvitur ex personis, ex rebus, ex voluntate, ex actione. Ideoque sive homines sive res sive voluntas sive actio interierit, distrahi videtur societas. Intereunt autem homines quidem maxima aut media capitis deminutione aut morte: res vero, cum aut nullae relinquantur aut condicionem mutaverint, neque enim eius rei quae iam nulla sit quisquam socius est neque eius quae consecrata publicatave sit. Voluntate distrahitur societas renuntiatione.* La sociedad se disolvía por la muerte o cambio de status de las personas, desde las cosas, producto de un acuerdo de voluntades, o como consecuencia de una *actio*, precisamente la temática que vengo comentando.

7 **D.17.2.70. Paulus, libro 33 ad edictum:** *Nulla societatis in aeternum coitio est.* Sin embargo, se reguló el rompimiento dirigido a que el socio renunciante se sustrajera de las obligaciones económicas que derivaban del contrato, en el caso de que se hubiera pactado un plazo determinado. Si se producía una pérdida, el socio renunciante que obraba con "dolo malo" debía responder por su parte sin participar de los beneficios: *Item qui societatem in tempus coit, eam ante tempus renuntiando socium a se, non se a socio liberat: itaque si quid compendii postea factum erit, eius partem non fert, at si dispendium, aeque praestabit portionem: nisi renuntiatio ex necessitate quadam facta sit. Quod si tempus finitum est, liberum est recedere, quia sine dolo malo id fiat;* cfr. **D.17.2.65.617.2.65; Paulus, libro 32 ad edictum.**

8 **Pomponius, libro 12 ad Sabinum, D. 17.2.59.pr.:** *Adeo morte socii solvitur societas, ut nec ab initio pacisci possimus, ut heres etiam succedat societati.*

16

b) La muerte civil que deriva de la *capitis deminutio* de uno de los socios.[9]

c) La conclusión del objeto en los casos de convención para un solo negocio o cuando se hace de imposible ejecución.

d) El vencimiento del plazo determinado si este se cumplió.

e) La confiscación de los bienes de un socio.

f) La pérdida de los aportes entregados por los socios.[10]

g) La *venditio bonorum* de un socio que equivalía a una especie de cesación de pagos.

h) Si unilateralmente se cambia la causa de la sociedad sea por *stipulatio* o en el marco de un juicio.[11]

Me voy a permitir aquí la inelegancia de hacer referencia a reflexiones personales previas,[12] en ocasión al análisis que realicé

Haec ita in privatis societatibus ait: in societate vectigalium nihilo minus manet societas et post mortem alicuius, sed ita demum, si pars defuncti ad personam heredis eius adscripta sit, ut heredi quoque conferri oporteat: quod ipsum ex causa aestimandum est. ¿Quid enim, si is mortuus sit, propter cuius operam maxime societas coita sit aut sine quo societas administrari non possit?; Igualmente, se podía convenir la continuidad entre los socios sobrevivientes, pero sin obligar a los herederos.

9 Respecto de la *capitis deminutio* se produjo una evolución que limitó la disolución de la sociedad a la pérdida del *status libertatis* [máxima] y del *status civitatis* [media].

10 Ulpianus, libro 31 ad edictum, D.17.2.63.10: *Societas solvitur ex personis, ex rebus, ex voluntate, ex actione. Ideoque sive homines sive res sive voluntas sive actio interierit, distrahi videtur societas. Intereunt autem homines quidem maxima aut media capitis deminutione aut morte: res vero, cum aut nullae relinquantur aut condicionem mutaverint, neque enim eius rei quae iam nulla sit quisquam socius est neque eius quae consecrata publicatave sit. Voluntate distrahitur societas renuntiatione.*

11 Paulus, libro 32 ad edictum, D.17.2.65.pr.: *Actione distrahitur, cum aut stipulatione aut iudicio mutata sit causa societatis. Proculus enim ait hoc ipso quod iudicium ideo dictatum est, ut societas distrahatur, renuntiatam societatem, sive totorum bonorum sive unius rei societas coita sit.*

12 Tulio Álvarez-Ramos, **Comentarios a las Institutas de Justiniano.** Tomo II [De las Obligaciones y los Contratos]. Caracas: Universidad Católica Andrés

sobre una de las obras magnas justineanas, solo con el ánimo de clarificar la sutil diferencia que se ha venido planteando:

En los primeros tiempos de un derecho en formación el término *societas* implicó una asociación, unión o comunidad para desarrollar un propósito común.[13] Y el origen fue el más natural ya que estuvo vinculado a la desaparición física del *pater familias* y la necesidad de ordenar los bienes indivisos entre los herederos. Gayo (Inst., 3.154ª) refiere esta situación: «Pero hay otra [sociedad] que es propia de los ciudadanos romanos. En efecto, antiguamente, cuando moría el padre de familia, había entre sus herederos una cierta sociedad, legitima y natural a la vez, que se llamaba *ercto non cito*, o sea, de propiedad sin división, pues *erctum* es la propiedad, y de ahí *crus*, el propietario, y *ciere* es dividir, de donde decimos *caedere* por cortar (y dividir)».[14] Y no estaba limitada a los romanos esa tendencia a la vida en común bajo el poder de un patriarca y el interés de preservar la riqueza inmobiliaria.

Resulta de toda lógica que esta forma de sociedad que expresa un compromiso de compartir la misma suerte [*consortio*] se extendiera más allá del ámbito

Bello, 2012, pp. 178-179.

13 Lo que deriva de una especie de vocación para unir diferentes destinos a una suerte común; de ahí, la palabra *consortium*. **Cicero, Leg. 1, 10, 28**: *Natos esse ad societatem communitatemque generis humani.*

14 *154a. Est autem aliud genus societatis proprium ciuium Romanorum. olim enim mortuo patre familias inter suos heredes quaedam erat legitima simul et naturalis societas quae appellabatur ercto non cito, id est dominio non diuiso: erctum enim dominium est, unde erus dominus dicitur: ciere autem diuidere est: unde caedere et secare [et diuidere] dicimus.* No es unívoco el sentido de la expresión *ercto non cito*. Surgen diversos significados en los pocos textos que la mencionan: **Inst. 4, 6, 20; D. 10, 2, 1 pr.; Gai: Inst. 2, 219 y 3, 154 a; Cicerón, De orat., 1, 56, 237; S. Isidoro, Etim., 5, 25, 9; Festo, De verb. sign. 72 o Servio, Aen. 8, 642.**

familiar y fuera asumida por aquellos que actuaban como si fueran hermanos [*ad exemplum fratrum suorum*] a través de una *legis actio*: «Cuando otras personas querían estar en esta clase de sociedad, podían conseguirlo ante el pretor mediante cierta acción de la ley. Era peculiar de esta sociedad de hermanos, o de otras personas que a imitación de los hermanos la constituían, el que al manumitir uno de los socios al esclavo común, lo hacía libre desde luego y liberto de todos los socios; así también, cuando uno vendía por mancipación una cosa de la comunidad la hacía de la propiedad de quien recibía» (Gayo: Inst. 3.154[b]).[15] Lo que implica que nacen de la voluntad de los socios y no de una obligación legal de permanecer en tal estado.

Se presenta en este aspecto el contraste de regulaciones temporales que suponen diferentes concepciones sobre una misma materia, en el mundo quiritario. Ciertamente resultaría impropio identificar la regulación arcaica de la familia romana y las consecuencias de la muerte del *Pater* como *Dux familiae,* con el de una herencia propiamente dicha en el derecho de última generación justiniana; según el comentario de Ulpiano, consecuencia de la regulación contenida en la ley, la cual comprende la sucesión de todos los bienes. Tal como escribe Labeo,[16] en ella el causante

---

15 *154b. Alii quoque qui uolebant eandem habere societatem, poterant id consequi apud praetorem certa legis actione. in hac autem societate fratrum ceterorumue, qui ad exemplum fratrum suorum societatem coierint, illud proprium erat, [unus] quod uel unus ex sociis communem seruum manumittendo liberum faciebat et omnibus libertum adquirebat: item unus rem communem mancipando eius faciebat, qui mancipio accipiebat.* Aunque no aparece mencionado expresamente en el texto de Gayo, el acto de constitución ante el pretor pudo ser la *legis actio sacramento in rem* dada su naturaleza de *actio generalis* referida a la reivindicación de derechos reales.

16 Cfr. **Digesto 50.16.178.1, Ulpianus libro 49 ad Sabinum:** *1. "Hereditas" iuris nomen est, quod et accessionem et decessionem in se recipit: hereditas autem vel maxime fructibus augetur,* lo que reafirma a la herencia como institución de

sucede en el derecho, lo que le permite recibir la ventaja y la desventaja de esos bienes adquiridos; lo que precisa la naturaleza de la sucesión, ya que la herencia no debe entenderse como simple posesión de cosas sino como un derecho, aunque por razones prácticas se reconocía la posesión de los bienes a los efectos de la protección interdictal de los mismos.

3. Reglas quiritarias que marcan la solución de los conflictos comunitarios.

Desde los mismos orígenes del Derecho Romano, el carácter "exclusivo" del dominio se ha afirmado y defendido como principio general en que se basa el poder dominial y se ha apoyado tal concepto en el dicho de Celso: "dos o más personas no pueden denominarse "dueños" (*domini*) de la misma cosa" (*duorum in solidum dominium esse non potest*). Sin embargo, me atrevo a retar el uso de esa cita para sustentar por si sola la exclusividad, en estos tiempos modernos, por estar en cierto sentido desfigurada y descontextualizada.[17] Adicionalmente, por razones prácticas

---

ius quiritium que comprende tanto la accesión como la sucesión; y que esta aumentaría con los frutos. También la referencia contenida en **Ulpiano libro 39 del edicto**, citado en **Digesto 37.1.3.pr-1.**, *Ulpianus libro 39 ad edictum: pr. Bona autem hic, ut plerumque solemus dicere, ita accipienda sunt universitatis cuiusque successionem, qua succeditur in ius demortui suscipiturque eius rei commodum et incommodum: nam sive solvendo sunt bona sive non sunt, sive damnum habent sive lucrum, sive in corporibus sunt sive in actionibus, in hoc loco proprie bona appellabuntur. 1. Hereditatis autem bonorumve possessio, ut Labeo scribit, non uti rerum possessio accipienda est: est enim iuris magis quam corporis possessio. Denique etsi nihil corporale est in hereditate, attamen recte eius bonorum possessionem adgnitam Labeo ait.*

17 En realidad se trata de la cita que hace Ulpiano en su **libro 28 ad edictum** y que aparece en el **Digesto D.13.6.5** sobre el **Libro Sexto de los Compendios** de Celsio, en el que el autor clásico, al comentar los casos de comodato o arrendamiento a dos personas, plantea la duda de si cada una de ellas poseería en su totalidad o en parte; e inmediatamente da como respuesta que no es posible que dos tengan propiedad o posesión sólida: ni ninguno puede

se admitió la figura del condominio (***condominium; communio pro indiviso***), de manera que los condóminos mantenían una comunidad, no sobre partes divisas materiales de la cosa (por ello es pro indiviso), sino sobre cuota partes ideales en dicho condominio, definida por una serie de reglas:

3.1. Actos de disposición.

Cada uno de los condóminos puede, por su cuenta y sin consentimiento de los demás, disponer de su cuota parte ideal; ya enajenándola, ya gravándola con un *pignus*. En cambio, según Papiniano, para disponer de la totalidad de la cosa común (venderla o gravarla) era necesario el acuerdo de todos los condóminos.[18]

    a) Cuando el acto de disposición consiste en la constitución de un derecho indivisible, como p.ej., una servidumbre, se

---

ser dueño de una parte del cuerpo, sino tener la propiedad de todo el cuerpo como parte indivisa. **Ulpianus libro 28 ad edictum**: 15. *Si duobus vehiculum commodatum sit vel locatum simul, Celsus filius scribit "scripsit" libro sexto digestorum quaeri posse, utrum unusquisque eorum in solidum an pro parte teneatur. Et ait duorum quidem in solidum dominium vel possessionem esse non posse: nec quemquam partis corporis dominum esse, sed totius corporis pro indiviso pro parte dominium habere.*

18 Papinianus libro septimo quaestionum, D.10.3.28: *Sabinus ait in re communi neminem dominorum iure facere quicquam invito altero posse. Unde manifestum est prohibendi ius esse: in re enim pari potiorem causam esse prohibentis constat. Sed etsi in communi prohiberi socius a socio ne quid faciat potest, ut tamen factum opus tollat, cogi non potest, si, cum prohibere poterat, hoc praetermisit: et ideo per communi dividundo actionem damnum sarciri poterit. Sin autem facienti consensit, nec pro damno habet actionem. Quod si quid absente socio ad laesionem eius fecit, tunc etiam tollere cogitur.* Con esta cita de Sabino, Papiniano apoya su propia opinión sobre el hecho de que en asuntos comunes ninguno de los condóminos puede en derecho hacer algo contra la voluntad del otro. Afirma así el derecho a prohibir basado en el razonamiento de que, en materia del equilibrio de la relación comunitaria, se hace evidente que la causa del que prohíbe es superior. Igualmente, coincide en la necesidad de que ese derecho se ejerza antes de la ejecución de la acción del socio.

requería la manifestación de voluntad sobre la aceptación de todos los condóminos.[19] En cambio, se permitió que un condómino pudiera ceder el usufructo de su cuotaparte sin el consentimiento de los demás, tal como refiere el mismo Papiniano.[20]

b) Paulo y Ulpiano coinciden que, en el caso de la manumisión de un esclavo común en la época clásica, si uno de los condóminos manifestaba su voluntad de liberarlo; entonces, automáticamente perdía su derecho de copropiedad, lo que tenía por efecto acrecer el de los demás condómi-

---

19 Criterio que se infiere de varios comentarios de jurisconsultos como Ulpiano: **Ulpianus libro 17 ad edictum, D.8.1.2**: *Unus ex dominis communium aedium servitutem imponere non potest*; Celso: **Celsus libro 27 digestorum, D.8.3.11**: *Per fundum, qui plurium est, ius mihi esse eundi agendi potest separatim cedi. Ergo suptili ratione non aliter meum fiet ius, quam si omnes cedant et novissima demum cessione superiores omnes confirmabuntur: benignius tamen dicetur et antequam novissimus cesserit, eos, qui antea cesserunt, vetare uti cesso iure non posse;* y Paulo, **Paulus libro primo manualium, D.8.4.18**: *Receptum est, ut plures domini et non pariter cedentes servitutes imponant vel adquirant, ut tamen ex novissimo actu etiam superiores confirmentur perindeque sit, atque si eodem tempore omnes cessissententiarum et ideo si is qui primus cessit vel defunctus sit vel alio genere vel alio modo partem suam alienaverit, post deinde socius cesserit, nihil agetur: cum enim postremus cedat, non retro adquiri servitus videtur, sed perinde habetur, atque si, cum postremus cedat, omnes cessissent: igitur rursus hic actus pendebit, donec novus socius cedat. Idem iuris est et si uni ex dominis cedatur, deinde in persona socii aliquid horum acciderit. Ergo et ex diverso si ei, qui non cessit, aliquid tale eorum contigerit, ex integro omnes cedere debebunt: tantum enim tempus eis remissum est, quo dare facere possunt, vel diversis temporibus possint, et ideo non potest uni vel unus cedere. Idemque dicendum est et si alter cedat, alter leget servitutes. Nam si omnes socii legent servitutes et pariter eorum adeatur hereditas, potest dici utile esse legatum: si diversis temporibus, inutiliter dies legati cedit: nec enim sicut viventium, ita et defunctorum actus suspendi receptum est.*

20 **Papinianus libro septimo quaestionum, D.7.1.5**: *Usus fructus et ab initio pro parte indivisa vel divisa constitui et legitimo tempore similiter amitti eademque ratione per legem Falcidiam minui potest: reo quoque promittendi defuncto in partes hereditarias usus fructus obligatio dividitur: et si ex communi praedio debeatur, uno ex sociis defendente pro parte defendentis fiet restitutio.*

nos. Esto a diferencia de lo que sucedía en el derecho antiguo (*ercturn non cito* y *consortium inter fratres*) ya que, anteriormente a estos juristas del derecho clásico, la solución había sido afirmar un efecto solidario, por lo que la manumisión de un esclavo común, por parte de uno de los herederos, era plenamente válida respecto de los demás. Esta solución será retomada en la fase final de la recopilación de Justiniano, bajo el basamento del *favor líbertatis*, de manera que el esclavo manumitido *pro parte* se hace libre, pero se debe previamente indemnizar a los condóminos que no lo manumitieron.[21]

c) Según Gayo, si uno de los condóminos gravaba su cuota parte indivisa, la garantía pesaba sobre la totalidad del

---

21 Esta solución se acepta en el derecho de última generación al ser incorporada al Codex, sin dejar de aclarar que mucha ambigüedad surgió entre los antiguos sobre los esclavos comunes y su libertad y en el aspecto de cuándo un copropietario le impone o no la libertad. **CJ.7.7.1pr.**: *Imperator Justinianus: In communes servos eorumque libertatem et quando cuidam domino pars libertatem imponentis adcrescit nec ne, et maxime inter milites, qui huiusmodi imponunt libertatem, multa ambiguitas exorta est apud veteres iuris auctores. * iust. a. iuliano pp. * <a 530 d. k. aug. lampadio et oreste vv. cc. conss.>*. En el Codex también se aclara que para aquel tiempo habían encontrado otra constitución de los príncipes Severo y Antonino, según la cual generalmente era necesario que un socio vendiera su parte a su socio, en la medida en que se impone la libertad del esclavo, aunque no se obtenga beneficio alguno, fijándose el precio a criterio del pretor; esto, de acuerdo a lo que Ulpiano refiere al comentar los fideicomisos. Inclusive se indicaba que el pretor debía obligar al copropietario a vender su parte, en la medida en que el *servus* se convirtiera en hombre libre, tal como resulta de **CJ.7.7.1.1a:** *Imperator Justinianus, Sed et alia constitutio severi et antonini principum reperta est, ex qua generaliter necessitas imponebatur socio partem suam socio vendere, quatenus libertas servo imponatur, licet nihil lucri ex substantia socii morientis alii socio accedat, pretio videlicet arbitrio praetoris constituendo, secundum ea, quae et ulpianus libro sexto fideicommissorum et paulus libro tertio fideicommissorum refert, ubi et hoc relatum est, quod sextus caecilius iuris antiqui conditor definivit socium per praetorem compelli suam partem vendere, quatenus liber servus efficiatur: quod et Marcellus apud iulianum in eius digestis notat: hocque et Marcellum, cum iulianum notaret, rettulisse palam est. <a 530 d. k. aug. lampadio et oreste vv. cc. conss.>*

bien en condominio, debiendo no sólo responder aquel que lo contrajo, sino también los demás. De manera que la división hecha con el socio no afectaba la garantía del acreedor sobre el bien en forma integral. En consecuencia, la parte de todos quedaba afectada a título indiviso a favor del acreedor pignoraticio o hipotecario, aunque el derecho del copropietario que otorgaba la garantía estuviera referido solo a una parte del bien común.[22]

3.2. Actos de uso y administración de la cosa común.

Cada condómino podía usar de la cosa actuando independientemente, si bien cualquiera de los otros podía oponerse a determinado uso, perjudicial al interés común, ejerciendo un *ius prohibendi*. Este derecho a bloquear el uso perjudicial de la cosa común no se fundaba en el ejercicio *pro parte* del dominio, sino en la cotitularidad solidaria patrimonial que se ejercía en porciones abstractas. Por ello, un condómino no podía realizar actos materiales sin el consentimiento de los demás según Pomponio,[23]

---

22 **D.20.6.7.4. Gaius libro singulari ad formulam hypothecariam** 4. *Illud tenendum est, si quis communis rei partem pro indiviso dederit hypothecae, divisione facta cum socio non utique eam partem creditori obligatam esse, quae ei obtingit qui pignori dedit, sed utriusque pars pro indiviso pro parte dimidia manebit obligata.*

23 **Pomponius libro 33 ad Sabinum, D.8.2.27.1.** *Si in area communi aedificare velis, socius prohibendi ius habet, quamvis tu aedificandi ius habeas a vicino concessum, quia invito socio in iure communi non habeas ius aedificandi.* En el mismo sentido que Marcelo, Pomponio afirmaba el derecho del socio a impedir una construcción de acuerdo con el derecho consuetudinario.

Marcelo[24] y Papiniano.[25] Esto tenía importancia en lo relativo a construcciones e innovaciones en la cosa común, por lo que era conveniente que el condómino que quisiera hacerlas contara con el consentimiento previo de los otros.

Sobre la base de considerarlas similares a una sociedad, Justiniano establece que las relaciones entre los condóminos debían considerarse como un cuasicontrato.[26] Por ello, tiende

---

24 Marcellus libro sexto digestorum, D.8.5.11 *An unus ex sociis in communi loco invitis ceteris iure aedificare possit, id est an, si prohibeatur a sociis, possit cum his ita experiri ius sibi esse aedificare, et an socii cum eo ita agere possint ius sibi prohibendi esse vel illi ius aedificandi non esse: et si aedificatum iam sit, non possit cum eo ita experiri ius tibi non esse ita aedificatum habere, quaeritur. Et magis dici potest prohibendi potius quam faciendi esse ius socio, quia magis ille, qui facere conatur ut dixi, quodammodo sibi alienum quoque ius praeripit, si quasi solus dominus ad suum arbitrium uti iure communi velit.* En este comentario, Marcelo afirma que uno de los socios no puede construir en un lugar común en contra de la voluntad de los demás, privilegiando el derecho de prohibir la construcción sobre el derecho a edificar, ya que no podría utilizar el derecho común a su propia discreción.

25 Papinianus libro septimo quaestionum, D.10.3.28, texto latino ya colocado en cita anterior

26 Inst.3.27.3. Institutas, Líber III, Titulus XXVII.3. *Item si inter aliquos communis sit res sine societate, veluti quod pariter eis legata donatave esset, et alter eorum alteri ideo teneatur communi dividundo iudicio, quod solus fructus ex ea re perceperit, aut quod socius eius in eam rem necessarias impensas fecerit: non intelligitur proprie ex contractu obligatus esse, quippe nihil inter se contraxerunt: sed quia non ex maleficio tenetur, quasi ex contractu teneri videtur.* De manera que si existía algo en común entre algunas personas sin sociedad, como en el caso de que se les hubiera beneficiado con un legado o donación por igual, y por ello uno de ellos está obligado al otro por juicio común de división, porque sólo él recibió las ganancias de aquella cosa, o porque su socio hizo los gastos necesarios para aquella cosa: no se entiende que está propiamente obligado por contrato, ya que nada han contratado entre ellos: pero como no está obligado por mala acción (*maleficium* / responsabilidad extracontractual por hecho doloso o culposo), parece estar obligado por contrato (Se asemejaba a la fuente calificada como cuasicontrato; parecía contrato pero formalmente no lo era). Al interpretar el derecho quiritario debemos cuidarnos de la utilización de ciertos términos que, como "delito" y "pena", están muy alejados del sentido actual. Delito (acción dañosa), cuasidelito (responsabilidad

a limitar el *ius prohibendi*, supeditando las consecuencias de un acto ya realizado por uno de los condóminos a la falta de beneficio de la comunión de bienes, lo cual se verá cuando se deban decidir las consecuencias de la partición ante el juez. Por supuesto, la casuística marcara la adaptación de la institución:

a) Sí un condómino ha percibido la totalidad de los frutos de la cosa común, debe devolver lo que corresponda de acuerdo a la cuota parte de sus condóminos.[27] Igualmente, si ha realizado gastos por mejoras necesarias o útiles, hechas en beneficio común, los demás, en su proporción, lo deberán indemnizar.[28]

b) Todo condómino está obligado a la reparación del daño causado a los otros, por dolo o culpa, en la administración de la cosa en común.[29]

---

objetiva) y cuasicontrato estarían ubicadas en la actualidad como fuentes extracontractuales de las obligaciones mientras que "pena" está en orden a la indemnización pecuniaria del daño causado. Esto para marcar diferencia con lo que entendemos en la actualidad como derecho penal (*Criminae* en Roma).

27 El mecanismo utilizado era el *communi dividundo iudicio* por medio del cual se producía la división de las cosas corporales, comentadas en el Digesto (**D.10.3. Paulus libro 23 ad edictum**). El caso in comento se refiere en **D.10.3.4.3. (Ulpianus libro 19 ad edictum)** *Sicut autem ipsius rei divisio venit in communi dividundo iudicio, ita etiam praestationes veniunt: et ideo si quis impensas fecerit, consequatur. Sed si non cum ipso socio agat, sed cum herede socii, Labeo recte existimat impensas et fructus a defuncto perceptos venire. Plane fructus ante percepti, quam res communis esset, vel sumptus ante facti in communi dividundo iudicium non veniunt.* De la misma forma en que se puede ejecutar la división de la cosa mediante el referido *communi dividundo iudicio* también se admitía dirimir la distribución de los gastos y ganancias.

28 Ulpianus libro 19 ad edictum, ibíd.

29 Así se infiere de **D.10.2.25.16. Paulus libro 23 ad edictum**. 16. *Non tantum dolum, sed et culpam in re hereditaria praestare debet coheres, quoniam cum coherede non contrahimus, sed incidimus in eum: non tamen diligentiam praestare debet, qualem diligens pater familias, quoniam hic propter suam partem causam habuit gerendi et ideo negotiorum gestorum ei actio non competit: talem igitur diligentiam praestare debet, qualem in suis rebus. Eadem sunt, si duobus res legata sit: nam et hos coniunxit ad societatem non consensus, sed res.*

4. Los tipos históricos de comunidad.

Como se ha podido verificar, en el derecho romano arcaico se constatan situaciones en las que existe dispersión de derechos sobre un objeto o una universalidad de bienes, lo que se representaba en una participación común de lo que entonces y ahora identificamos como una comunidad pro indiviso. Esto ha resultado en una distinción que se pretende histórica entre el concepto de comunidad romana pro indiviso o *condominium iuris romani*, en mi opinión la única plausible para comprender el sistema romano-indiano vigente en América Latina,[30] frente a la comunidad germánica o en "mano común" que ha sido artificialmente calificada como *condominium iuris germanici*.

---

[30] Aunque debo advertir que, en el tema específico de la propiedad, el carácter de exclusividad y el dominio absoluto, típico del derecho romano, no permite dar luces suficientes para comprender el tema de las tierras ancestrales de las comunidades autóctonas asentadas en América Latina. Por eso me he permitido señalar y explicar que bajo la definición de un Bloque Romano Indiano se ha pretendido realizar una secuencia histórica que demuestra las formas de adecuación del orden jurídico a las nuevas realidades sociales y culturales, además de comprobar la influencia quiritaria en el sistema jurídico latinoamericano. Un esfuerzo que parte de la premisa que la estructuración del Estado Moderno tiene como sustrato las instituciones quiritarias, reinterpretadas bajo la visión del mundo cristiano y el espectro teológico que las marcó en el mundo medieval y las regulaciones preconstitucionales con fuentes ibéricas en América Latina; en especial, la compilación de un derecho indiano. A tales efectos, la diferenciación entre los conceptos de orden normativo y sistema jurídico se constituye en recurso metodológico imprescindible para captar la formación del referido Bloque; y, además con la mayor relevancia, comprender la pervivencia de los órdenes normativos de las comunidades indígenas en los subsistemas nacionales. El trabajo en referencia fue expuesto por primera vez en la Conferencia que impartí en la Universidad de Helsinki con el título: "**El subsistema jurídico venezolano como secuencia reveladora del bloque romano indiano**". X Congreso CEISAL el 15 de junio de 2022, en la ciudad de Helsinki, Finlandia. CEISAL-GTJ Consejo de investigaciones sociales de América Latina. Grupo de trabajo de jurisprudencia. Comisión sistema jurídico latinoamericano y "bloque romano-indígena".
https://www.researchgate.net/publication/360979804
https://saber.ucab.edu.ve/xmlui/handle/123456789/20274
https://www.academia.edu/s/25260bfd3d

Considero un sinsentido esta diferenciación que, aunque encuentra sustento en elementos sociológicos que derivan de precedentes históricos, no tiene refuerzo en la identificación histórica de una sistematización autóctona e integrada que pueda ser considerada como un *ius germanicum antiquum*; al contrario, solo se puede identificar una gran dispersión por la preexistencia de diversas comunidades tribales que fueron identificadas como pueblos germanos.

Pero profundizando aún más, el derecho de las etnias germánicas es consuetudinario; por lo tanto, no existe un derecho germánico sino una gran variedad de costumbres que se admitían de acuerdo a las tradiciones de los agrupamientos humanos que no llegaban a constituirse en ciudades. De manera que la diferenciación, en lo histórico, estaría más en lo cultural que en lo jurídico; y vinculado al tipo de relaciones familiares. Esto, al menos en los tiempos de Tácito (Siglo I a. D.) quien afirmaba que "es bien sabido que ninguno de los pueblos germánicos habitó ciudades, ni siquiera en diversos asentamientos unidos".[31] Contrasta así el *Ius quiritium ab urbe condita* de aquellos condóminos relacionados por la unidad del bien o la universalidad de bienes sobre la que tienen una cuota parte, con las costumbres de pueblos en los que no existe un derecho real especifico sino definiciones particulares definidas sobre la base de una relación parental.

---

31 P. Corneli Taciti, *De Origine Et Sitv Germanorvm* [16] *Nullas Germanorum populis urbes habitari satis notum est, ne pati quidem inter se iunctas sedes.* Consulta del 20 de enero de 2024 en https://www.thelatinlibrary.com/tacitus/tac.ger.shtml#21. El conocimiento de lo que podríamos delinear como *iura gentium Germanicarum*, no *ius germanicum*, llega a nosotros por escasas fuentes literarias latinas como *De Bello Gallico* de Julio César o el texto que acabo de citar; las costumbres germánicas recogidas del siglo VI al IX en las *leges barbarorum*; y las tardíamente recogidas (siglo XII-XIII) costumbres escandinavas en textos como la **Ley Vestrogotia** y la **Ley de Uppland** (Suecia), la **Ley de Gulathing** y la **Ley de Frostathing** (Noruega), la ley de **Justlandia** (Dinamarca) o el **Código de Haflidi** de Islandia.

Reitero que la insuficiencia de fuentes impide determinar, con absoluta precisión, cuáles fueron los derechos de los herederos germanos, salvo que las costumbres en la materia se sustentaban en el fenómeno de las parentelas, similar a lo que en la *romanitas* cubría los vínculos *agnaticios* y *cogniticios*,[32] en las que se podía identificar una primera parentela que incluía al jefe de familia y a sus descendientes; una segunda, la cual comprendía al padre y madre de aquel con los descendientes que no conformaban la primera parentela; y la tercera, integrada por los abuelos paternos y maternos con sus descendientes, excluidos los integrantes de las dos parentelas precedentes. Y la repartición procedía en orden de las parentelas más próximas llamadas sucesivamente por falta de las anteriores.

La mejor verificación que puedo ofrecer para sustentar esta opinión personal, sobre el contraste de los sistemas de propiedad anteriormente señalados, se encuentra en la racionalidad quiritaria actual de las regulaciones sobre comunidad que se encuentran contenidas en el Código Civil alemán (BGB), normativa que define la comunidad de herederos como una comunidad de propiedad en la que todos los bienes que constituyen la universalidad pertenecen a todos los herederos; en otras palabras, en vínculo de copropiedad.[33] Veamos la identidad lógica afirmada:

a) La comunidad de herederos surge automáticamente si el testador deja varios herederos ya que la herencia pasa a ser propiedad conjunta de los herederos hasta que se pro-

---

32 Al analizar la sucesión hereditaria *ab intestato* en Roma, se puede constatar una evolución en la vocación hereditaria que beneficiaba a los agnados, en la que se privilegiaba el vínculo masculino, hasta llegar a la Compilación Justiniana en la que se ratifica la equiparación de la madre y su familia, excluidas por siglos del régimen sucesoral.

33 Cfr. Código Civil Alemán (BGB) según versión oficial del 2 de enero de 2002 (BGB. I p. 42, ber. p. 2909, 2003 p. 738), modificada por última vez por la ley del 22 de diciembre de 2023 (BGBl. I p. 41, mWv 1° de enero de 2024). Artículos 2032 a 2041. Consulta del 20 de enero de 2024, en https://dejure.org/gesetze/BGB/2032.html

duce la liquidación de la misma (Art. 2.032 BGB).[34]

b) En el supuesto de enajenación de bienes patrimoniales, los herederos sólo pueden disponer de una cosa hereditaria en forma conjunta (Art. 2.040.1 BGB).

c) Existe administración conjunta del patrimonio (Art. 2.038.1 BGB).

d) Cada coheredero está obligado para con los demás a cooperar en la adopción de las medidas que sean necesarias para una buena administración (Art. 2.038.2 BGB).

e) Cada coheredero puede tomar las medidas necesarias para su conservación sin intervención de los demás (Art. 2.038.2 BGB).

f) Existe derecho de disposición del coheredero ya que, mediante contrato escriturado ante notario, puede enajenar su parte de la herencia (Art. 2.033.1 BGB).

g) Si un coheredero pretende vender su parte a un tercero, los demás coherederos tienen derecho de preferencia a la pre-compra (Art. 2.034.1 BGB).

h) Con la transferencia de la parte a los coherederos, el comprador queda liberado de toda responsabilidad sucesoria (Art. 2.036.1 BGB), aunque su responsabilidad permanece en la medida en que es responsable ante los acreedores de la universalidad de bienes de conformidad con los Artículos 1978 a 1980 (Art. 2.036.2 BGB).

i) En cuanto a la responsabilidad hasta la división de la herencia, cada coheredero puede negarse a compensar las obligaciones hereditarias con los bienes que tenga apartados de su cuota en la herencia (Art. 2059.1.1); adicionalmente, queda intacto el derecho de los acreedores de la herencia a exigir a todos los coherederos la satisfacción de la herencia indivisa (Art. 2059.2).

j) Si un crédito forma parte de la herencia, el obligado sólo

---

34 § 2032. Erbengemeinschaft. *(1) Hinterlässt der Erblasser mehrere Erben, so wird der Nachlass gemeinschaftliches Vermögen der Erben. (2) Bis zur Auseinandersetzung gelten die Vorschriften der §§ 2033 bis 2041.*

puede hacer pagos a todos los herederos conjuntamente y cada coheredero sólo puede exigir el pago a favor de todos los herederos (Art. 2.039.1 BGB).

k) Cada coheredero puede exigir que el obligado deposite la cosa que ha de ser entregada a todos los herederos; o, si no fuera apta para el depósito, la entregue a un custodio designado judicialmente (Art. 2.039.2 BGB).

l) El deudor no puede compensar un crédito que le corresponde, frente a un coheredero individual, con un crédito perteneciente a la herencia (Art. 2.040.2 BGB).

m) Todo lo adquirido sobre la base de un derecho perteneciente a la herencia o como compensación por la destrucción, daño o confiscación de una cosa de la herencia, o mediante un negocio jurídico relacionado con la herencia, pertenece a la herencia (Art. 2.041.1 BGB).

Resulta entonces, implícita en la relación de reglas vigentes, realizada anteriormente, la inutilidad de la referencia actual a una "propiedad germánica" que, según los pocos documentos conocidos, recogía la limitación de la propiedad individual a los bienes mobiliarios; pero, en contrapartida, la propiedad inmobiliaria se concebía como propiedad de la familia o propiedad común del clan, en cuanto a las tierras del asentamiento. Al punto que, si se hace referencia a las tierras de cultivo, nadie poseía una superficie cierta ni límites propios y solo se distribuían según el número de cultivadores, para que fueran trabajadas por turnos durante cada temporada.[35]

---

35 P. Corneli Taciti, **De Origine Et Sitv Germanorvm**: [26] *Faenus agitare et in usuras extendere ignotum; ideoque magis servatur quam si vetitum esset. Agri pro numero cultorum ab universis in vices occupantur, quos mox inter se secundum dignationem partiuntur; facilitatem partiendi camporum spatia praestant. Arva per annos mutant, et superest ager. Nec enim cum ubertate et amplitudine soli labore contendunt, ut pomaria conserant et prata separent et hortos rigent: sola terrae seges imperatur. Unde annum quoque ipsum non in totidem digerunt species: hiems et ver et aestas intellectum ac vocabula habent,*

Es evidente que, bajo este régimen de comunidad originario, lo que ha sido definido como *Gesammteigentum* o *Gemeinschaft zur Gesammten Hand* (Copropiedad o Comunidad de propiedad), no es permisible un régimen de división familiar de bienes, como si sucedía con la *communio incidens* quiritaria en la que procedía la *actio communi dividendo*, contrario al derecho actual en el que la posibilidad de división vía judicial es la regla. De esta forma, sería aventurado equiparar en importancia y trazar una diferenciación efectiva entre un sistema institucional que roza la perfección, como lo es el quiritario, y unas costumbres perdidas en el tiempo.

Sin embargo, resulta de singular importancia señalar, a los efectos de la comprensión plena de la problemática planteada, el hecho de que este esquema de explotación de esos pueblos identificados como germánicos podría ser el antecedente lejano del régimen de "bienes comunales" que aún se puede encontrar en la normativa civil y algunos instrumentos forales europeos; también de un viejo concepto de limitación de enajenaciones de las tierras de los antepasados conocido como *terra aviatica*.

Este concepto ha sido referenciado en **Glossarium mediae et infimae latinitatis** vinculándolo con el vocablo *terra salica*,[36] lo que involucra una compleja madeja de problemas asociados al mundo

---

autumni perinde nomen ac bona ignorantur. Consulta del 21 de enero de 2024 en https://www.thelatinlibrary.com/tacitus/tac.ger.shtml#26.

36 La explicación del glosario identifica el origen del término "tierra sálica" como una porción de tierra asignada al soldado Salio, y en esa medida asignada al Príncipe o Rey, de las que habían sido adquiridas en las Galias por proezas militares, hechas por partición entre los legionarios en virtud del derecho de conquista como mecanismo de adquisición de propiedad. Además se aclara que, en ese origen, los beneficiarios no ostentaban otro cargo y servicio que no fuera militar, por ello se les llamaba "salicios", u hombres de los príncipes, o al menos de la raza sálica, que ocupaba el primer lugar entre aquellas naciones del norte que invadieron la Galia y se las quitaron a los romanos; y los lidios, que eran los letores o litores, es decir, los hombres de condición sumisa, como eran los laetis, a quienes se les asignaron campos para el cultivo, bajo ciertas cargas redhibitorias, tal como se infiere del texto original del glosario.

medieval. Lo cierto del caso y desde una perspectiva bonitaria, gracias a la cual heredamos una clave dirigida a dar respuesta adecuada a conflictos contemporáneos, el énfasis introductorio estará en acentuar la diferencia entre la *communio pro diviso* y la *communio pro indiviso*; y, como ya se sugirió, la primera representa la pluralidad de propiedad sobre partes identificables del objeto, vinculadas por la unidad de éste. En el caso contrario, podemos encontrar un derecho subjetivo que, individualmente considerado, afecta al objeto y que es coexistente con el derecho de los demás comuneros. Una conceptualización que se comprende bajo una evolución histórica de la que da luces el referido Glosario.[37]

Esta diferenciación me ha permitido sostener que, sin partición homologada o perfeccionada por el válido acuerdo de las

---

37 Glossarium mediae et infimae latinitatis (S-Zyt, Volúmenes 1-7, p. 549), importante obra publicada en 1846, fue digitalizada el 3 de diciembre de 2018 de un original que existe en la Biblioteca di Cremona. Refiere expresamente: *Terra Salica, Portio terræ Salio militi, atque adeo Principi seu Regi assignata, ex iis, quas in Galliis virtute bellica acquisierant partitione inter victores facta. Harum enim aliæ ab omni munere ac servitio, præterquam militari, immunes, dictæ Salicæ, eæque assignatæ Saliis, seu viris Principibus, vel certe ex Salica gente, quæ primas tenuit inter gentes illas Septentrionales, quæ in Gallias irruperunt, easque Romanis abstulerunt : aliæ Læticæ, et Lidiales, quæ Lætorum, vel Litorum erant, hoc est virorum obnoxiæ conditionis, cujusmodi fuerunt Læti, vel quos Romanos appellabant, veteres nempe Galliæ incolæ, quibus assignati agri ad culturam, sub certis redhibitionum oneribus* (**B. Rhenanus in Epist. ad Petrum Heldingum**). Agrega el glosario que los francos victoriosos, imitaron, pues, la costumbre de los romanos, y asignaron a los nobles y a los soldados veteranos tierras en determinados lugares, para que se les permitiera habitar en ellas, enteramente inmunes y libres de toda servidumbre; para ser llamados "*Salicæ*", pero de la tierra era tal prerrogativa que, cuando se asignaba bajo la condición de servicio militar, no podía alcanzar a una mujer que fuera totalmente incapaz de realizarlo, tal como prescribía la Ley Sálica Título 62, en el texto original: *Franci igitur victores consuetudinem Romanorum imitati, et ipsi nobilibus et veteranis militibus agros in quibusdam locis, ut istis habitare licuisset, assignarunt, immunes penitus et ab omni servitute liberos : iique dicti Terra salica : sic proprie prædia Principum libera et immunia Salicæ terræ nomine solita sunt appellari. Salicæ vero terræ, ea erat prærogativa, ut cum sub militaris obsequii conditione assignata esset, ad mulierem, quæ illius prorsus incapax est, pervenire non posset. Quod exerte habet Lex Salica tit. 62.*

partes, no existe titularidad de bienes determinados. Sólo puede existir posesión de derechos sobre una universalidad de bienes que conforman el objeto de partición, como por ejemplo en la herencia. Y es una conclusión en clave quiritaria por cuanto los jurisconsultos romanos de última generación llegaron a expresar que, en virtud de la *adiudicatio*, la propiedad sobre las porciones materiales que correspondan a cada uno de los comuneros, se considera adquirida desde el momento en que se verifica la división, no desde la situación inicial de la *communio*.

Tan es así que en el Digesto se puede constatar la referencia a que el *iudex* en la *actio familiae erciscundae* debe cuidar que se de caución de evicción a aquellos a quienes hace las adjudicaciones, protegiéndolos de cualquier intento de desalojo o desposesión;[38] y también se prevé que el *iudex,* en el juicio de división de la cosa común *Communi dividundo* debía tasar el inmueble a precio justo y precaver contra el desalojo imponiendo caución de evicción en sentencia general divisional.[39]

Pero si no bastaran estos argumentos, vale la pena citar que de acuerdo al Libro IV de las Institutas, al regularse el oficio del *iudex*, al cerrar el Título XVII se indica que "todo lo que se adjudicaba por estas acciones se hacía inmediatamente propio de aquel a quien se adjudicaba";[40] y este Título se refiere a especificas acciones como la *noxali iudicio* (**Ins. IV.17.1**), la *actio in rem* (**Ins. IV.17.2**), la *actio ad exhibendum* (**Ins. IV.17.3**), al *familiae erciscundae iudicio* (**Ins. IV.17.4**), a la *actio communi dividendo* (**Ins. IV.17.5**) y a la *actio finium regundorum* (**Ins. IV.17.6**). de manera que esta es una justificación histórica para que el juicio de partición haya sido definido como un mecanismo de adquisición de la propiedad y, por ello, la sentencia tendría efectos constitutivos en cuanto a ese derecho individual se refiere.

---

38 **D.10.2.25.21**. *Item curare debet, ut de evictione caveatur his quibus adiudicat.*

39 **D.10.3.10.2**. In communi dividundo iudicio iusto pretio rem aestimare debebit iudex et de evictione quoque cavendum erit.

40 **Inst. IV.17.7**. *Quod autem istis iudiciis alicui adiudicatum sit, id statim eius fit cui adiudicatum est.*

Capítulo II
La comunidad ordinaria

1. El régimen general de la comunidad y la diversidad de situaciones comunitarias.

Pluralidad de sujetos titulares de derechos y la unidad del objeto, que integra a su vez los intereses plurisubjetivos, son los elementos fundamentales de la comunidad. Por tal razón, existe un impedimento para la división de aquellas cosas que, sí se produjera una división material, dejarían de servir para el uso al que están destinadas. Esto a pesar de que cada comunero tiene la plena propiedad de su cuota y de los provechos o frutos correspondientes; además de poder enajenar, ceder o gravar libremente su derecho. Todo concluye en la presunción *iuris tantum* sobre la homogeneidad de los derechos en la comunidad, lo que implica la proporcionalidad en las ventajas y las cargas de acuerdo a la participación que, en calidad de cuota, se tenga en la cosa común.

La doctrina nacional ha sido conteste en la afirmación de que la comunidad no debe ser una situación permanente; razón por la cual el legislador debe propiciar los mecanismos jurídicos de disolución. Así encontramos que, a juicio de Duque Sánchez, el legislador es contrario al estado de la comunidad y facilita la división de ésta en todo momento. Ello, porque dicha situación entrabaría las relaciones de crédito y porque – como afirmaba Borjas en forma un tanto exagerada - de la transmisión de los bienes del *de cujus* a sus sucesores nace un estado de comunidad; y si ésta continúa y ocurren nuevos fallecimientos, habrá nuevos comuneros, hasta que llegue el día en que sería poco menos que imposible determinar el derecho que sobre los bienes comunes correspondería a cada uno de los innumerables comuneros o copropietarios de ellos. Y si esta situación se extendiese a todos los bienes de un territorio, podría darse el momento en que pertenecerían en comunidad a todos los ciudadanos y la propiedad privada se extinguiría.[41]

En los razonamientos anteriores encuentra justificación la disposición del artículo 768 del Código Civil venezolano sobre comunidad que permite la división como regla general, la que se aplica especialmente a los bienes que conforman un acervo hereditario. Kummerow, al esquematizar los varios modos de extinción de la relación comunitaria, señalaba el mecanismo de división de la cosa común y sostenía que la comunidad, tal como se haya organizada en la mayoría de los ordenamientos jurídicos vigentes, es una situación interina (provisional).[42] Esta regla responde a la aversión que, desde el ángulo de la política que ordena la aprobación y reforma de las regulaciones jurídicas conforme a la teoría tradicional, ha experimentado el legislador hacia un régimen de por sí desfavorable a la libre circulación de los bienes.

A la tendencia anteriormente mencionada se adecuaría entonces el dispositivo técnico, contenido en el referido artículo 768 del Código Civil, mediante el cual se faculta a cualquiera de los comuneros para demandar la partición de la cosa común. Con este mecanismo de división material se sustituiría la parte abstracta que se traduce en una cuota de participación sobre el bien, por una fracción concreta del objeto originariamente común, solución influenciada por la importancia que tiene la sucesión hereditaria en la conformación práctica de comunidades. En efecto, el citado artículo reza textualmente:

> A nadie puede obligarse a permanecer en comunidad y siempre puede cualquiera de los partícipes demandar la partición.

41 José Román Duque Sánchez, Procedimientos Especiales Contenciosos. Caracas: Universidad Católica Andrés Bello, Editorial Sucre, 1981, p. 178.

42 Gert Kumerow, Bienes y Derechos Reales. Derecho Civil II. 2ª Edición. UCV. Caracas: Ediciones UCV, 1969, p. 383.

Sin embargo, es válido el pacto de que se debe permanecer en comunidad por un tiempo determinado, no mayor de cinco años. La autoridad judicial, sin embargo, cuando lo exijan graves y urgentes circunstancias, puede ordenar la división de la cosa común, aun antes del tiempo convenido.

El aspecto fundamental para entender el real alcance de la norma precitada deriva del elemento volitivo; por lo que es imprescindible despejar el origen de las distintas situaciones comunitarias, lo que he destacado en el capítulo precedente y en lo que seguiré insistiendo al discriminar la diversidad fáctica en torno a la comunidad. Como ya se ha expresado, o la comunidad se origina de la voluntad de los comuneros, bien sea una manifestación expresa o tácita; o nace por incidencias que escapan de la voluntad de los titulares. Entonces no tiene sentido asimilar todas las situaciones de comunidad, lo que implicaría un único mecanismo de disolución y crearía obstáculos innecesarios para la resolución de la compleja urdidumbre fáctica que puede comprender aspectos de simple interés individual, así como aquellos de connotación familiar o con impacto social.

De manera que se hace imprescindible un control judicial para proteger intereses superiores, como en el supuesto de los procesos de familia; o, al contrario, crear un mecanismo simplificado para tramitar la solicitud de disolución, en ausencia de situaciones que comprendan intereses objeto de especial protección. En la praxis judicial, el origen de la comunidad debe ser despejado para dirimir la contradicción sobre el dominio común, el carácter y cuota de los comuneros o las causas que pueden generar oposición en el juicio. Si no fuera así, serían innecesarias las normas contenidas en los artículos 183 y 770 del Código Civil; al determinar el primero que, en todo lo relativo a la división de la comunidad conyugal que no esté determinado expresamente en esa situación, se observarán las reglas generales de la partición; y, el segundo, en el que se establece que son aplicables a la división entre comuneros las reglas concernientes a la división de la herencia y las especiales que, en cuanto al procedimiento para llevarla a cabo, establezca el Código de Procedimiento Civil. Para complicar aún más el punto, el artículo 150 *eiusdem* reza textualmente:

> La comunidad de bienes entre los cónyuges se rige por las reglas del contrato de sociedad, en cuanto no se opongan a lo determinado en este Capítulo.

A la anterior afirmación, sobre la incidencia del tipo de comunidad en el aspecto adjetivo, debe añadirse el hecho de que la comunidad esté referida a un patrimonio o una universalidad ligada a la persona, como es el caso de la sucesión hereditaria, la comunidad conyugal o la comunidad concubinaria, o de una cosa común; en consecuencia, en la oportunidad en que el Juez valore las incidencias del juicio, no puede dar las mismas soluciones ni aplicar los mismos criterios. El intérprete no puede dejar de valorar esta situación cuando se contrastan las normas sustantivas con las procedimentales.

2. Natural imprescriptibilidad de la acción de partición de comunidad.

Consustancial a la naturaleza de la comunidad y al impacto social que necesariamente tiene una propiedad compartida se manifiesta la regla referida a que el derecho a instar judicialmente la partición no prescribe, a pesar de reciente jurisprudencia de la Sala de Casación Civil de la cual podría inferirse lo contrario. Efectivamente, en un juicio cuyo objeto era la partición de comunidad hereditaria, la Sala indicó que el "demandado puede asumir la oposición, que involucra todos los alegatos de defensa de fondo, permitidos por la ley procesal, entre ellos la prescripción decenal conforme al artículo 1011 del Código Civil vigente o, controvertir el carácter o alícuota de los interesados y en última instancia ejercer la defensa a través de la impugnación o tacha de los instrumentos que fungen como base de la demanda".[43]

Una interpretación que considero errada ya que deviene en una conceptualización en *numerus apertus* de las causales de oposición, lo que implica equiparar este mecanismo procesal de objeción procedimental en el desarrollo del mecanismo de partición con el acto de contestación de la demanda. Crítica que deriva de la consideración adjetiva y la interpretación que considero adecuada sobre los artículos 777 y 778 del Código de Procedimiento Civil, en cuanto a la definición de causales *numerus clausus* de oposición, limitada a la promoción de elementos contradictorios al título que origina la comunidad alegado en el libelo, además de resultar permisible el objetar la condición de comunero y la proporción en que deben dividirse los bienes.

De acuerdo con la sentencia de Casación objeto de crítica, la cual presento en forma concomitante como punto referencial para el desarrollo del tema de la imprescriptibilidad de la acción de partición y de mi exposición argumentativa, quedan la oposición y la contestación de la demanda integradas en un mismo acto con posibilidad de oponer excepciones en forma amplia, sin limitaciones, en difusa mezcla de lo sustantivo y procedimental. De manera que pareciera que la Sala considera que el demandado al contestar la demanda se está oponiendo; o viceversa, al oponerse realiza la contestación de la demanda, bajo la promoción de excepciones de inadmisibilidad y perentorias amplias.

Puntualmente, en el caso que originó la interpretación de la Sala, el criterio y alegato de parte fue relacionado en la sentencia en los siguientes términos: "Han transcurrido más de diez (10)

---

43 [s.S.C.C. N° 184-21] Sentencia N° RC.000184 de fecha 11 de junio de 2021.

años desde la muerte de la de cujus Ana Maria Itriago causante (desde el 08 de Abril de 2004 hasta el día 03 de Abril de 2018) han transcurrido catorce (14) años y treinta días, sin aceptarla o repudiar la herencia conforme a lo establecido en el código civil en su artículo 1020, por lo tanto mi representado a poseído el bien desde hace más de veinte años, de manera pacífica ininterrumpida y tal es el hecho de que esa situación es así que ellos en el lapso establecido en la ley no aperturaron, aceptaron o repudiaron la herencia" [sic]. Sin embargo, al verificar la trabazón de la litis, como consecuencia del escrito presentado por el demandado, se pueden esclarecer los supuestos al revisar el denominado punto previo de la contestación de la demanda:

> "En el acervo hereditario Mientras [sic] subsista la indivisión, la acción para pedir la partición es imprescriptible, pero si alguno de los coherederos ha tomado la posesión de la herencia, (como en este caso lo hizo mi representado), quien tenían en posesión el bien desde antes del fallecimiento de su abuela, como propia, puede prescribir la acción de los demás contra él, en toda la herencia o en parte de ella, en este caso en toda la herencia por ser un bien indiviso y en consecuencia mi representado a permanecido en el por más de veinte (20) años operando igualmente en cuanto al derecho de propiedad la prescripción adquisitiva como se demostrara en el transcurso del juicio" [sic].[44]

La prescripción fue declarada procedente por la Sala admitiendo el alegato de parte en cuanto a que "los coherederos no aceptaron la herencia ni de manera expresa, ni de manera tacita, porque como ya se expresó en el transcurso de todos estos años, ellos no realizaron ninguna actuación tendiente a esa herencia o relacionada con la misma por lo tanto operó la prescripción de

---

44 Ídem.

acuerdo al artículo 1011 del Código Civil motivo por el cual el demandado no tiene nada que reclamar sobre el terreno, ya que con la prescripción se extinguió el derecho a cualquier reclamo sobre el bien objeto de la demanda de partición" (SIC).[45] Una solución muy particular que solo puede admitirse con respecto a bienes específicos de la herencia, bajo situación especial, tal como sucedió en el caso *in comento* en el que un heredero afirmó su posesión legitima sobre un bien, previa a la apertura de la sucesión.

A todo evento, lo que ha debido alegarse es la exclusión del bien determinado, como integrante de la universalidad de bienes, en el contexto de la contestación de la demanda; y no como solicitud de declaratoria de prescripción de la acción de partición, en el contexto de la oposición en el proceso de partición. Ahora bien, admitir la prescripción de una acción de partición bajo el argumento de que uno de los herederos no aceptó, expresa o tácitamente, la herencia y otro había iniciado una posesión legítima en forma previa, susceptible de adquisición de la propiedad, encuentra dos obstáculos singulares de carácter histórico.

El primero sería la *bonorum possessio* que protege la posición de todos los herederos y la *hereditas* sobre el acervo sucesoral; en este sentido, debo recordar que originariamente la *bonorum possessio* fue una posesión de bienes concedida por el pretor, a

---

45 El resultado final fue la referida declaratoria "dado que operó la prescripción para la aceptación de la herencia, y de la acción para hacer valer el derecho hereditario reclamado, la de cujus Ana María Itriago Hernández, falleció en fecha 8 de abril de 2.004, la demanda fue interpuesta en fecha 22 de marzo de 2.018; siendo admitida el día 3 de abril de 2.018; y la orden de comparecencia de la parte demandada; de igual forma, se evidencia que la parte demandada se dio por citada el 26 de abril de 2.018; siendo la fecha tope para interrumpir la prescripción el 8 de abril de 2.014, es decir, el lapso de diez (10) años después de la muerte del causante, por lo que resulta forzoso declarar procedente la prescripción prevista en el artículo 1.011 del Código Civil, alegada en la contestación a la demanda por la representación judicial de la parte demandada, pues no se evidencia la aceptación tácita ni expresa de la herencia o la interrupción de la prescripción. Así se decide".

título provisional, en razón de que el beneficiado con la posesión puede ser desposeído por el heredero quiritario al ejercitar su derecho a la herencia. Pero tal ficción de desposesión presupone la condición sostenida de heredero contra un tercero, y no se diseñó para aplicarse de forma permanente o indefinida en el tiempo.

El otro obstáculo, determinado también por una evaluación histórico-institucional, deriva del hecho de que la condición de *heredes sui et necessarii* que favorece a los herederos del *de cuius* se activa en forma automática, con independencia de su voluntad; razón por la cual no tienen la obligación de aceptar la herencia. Inclusive, la solución legal es la contraria, ya que se permite un mecanismo para evitar herencia dañosa, lo que en el derecho quiritario se identifica como un *beneficium abstinendi* y en el ordenamiento jurídico venezolano se consagra como la aceptación de la herencia a beneficio de inventario.[46] Esto agregando que tal aceptación subordinada se hace imperativa en los casos de las herencias deferidas a los menores y a los entredichos,[47] los inhabilitados siempre que medie el consentimiento del curador o

---

46 En efecto, el artículo 996 del Código Civil presenta la diferencia al definir que "la herencia puede aceptarse pura y simplemente o a beneficio de inventario"; lo que se traduce, al activarse el segundo supuesto en las ventajas que define el artículo 1.036 *eiusdem*: "Los efectos del beneficio de inventario consisten en dar al heredero las ventajas siguientes: No estar obligado al pago de las deudas de la herencia ni al de los legados, sino hasta concurrencia del valor de los bienes que haya tomado, y poder libertarse de unas y otras abandonando los bienes hereditarios a los acreedores y a los legatarios. No confundir sus bienes personales con los de la herencia, y conservar contra ella el derecho de obtener el pago de sus propios créditos".

47 Cfr. Artículo 998 C.C. Esta previsión se compadece con Artículo 367 del C.C. que prohíbe al tutor aceptar válidamente herencias sin que medie beneficio de Inventario.

autorización judicial[48] y en los casos de herencias deferidas a los establecimientos públicos o a otras personas jurídicas.[49]

Pero es que también considero que existe un error de interpretación del artículo 1.002 del Código Civil que discrimina la aceptación de herencia como expresa o tácita; la primera, cuando se tome el título o cualidad de heredero en un instrumento público o privado; la tácita, "cuando el heredero ejecuta un acto que suponga necesariamente la voluntad de aceptar la herencia, acto que no tendrá derecho de ejecutar sino en calidad de heredero". Cabe entonces la pregunta, ¿la defensa judicial de los bienes que comprenden el acervo sucesoral no es elemento suficiente como constatación de la aceptación de la herencia? Pero es que también el sentenciador se contradice en los motivos y, al tiempo, aplica falsamente el artículo 1.011 del Código Civil en lugar del artículo 1.020 *eiusdem* que reza textualmente:

> No obstante, de lo establecido en los artículos precedentes los llamados a una herencia que se encuentren en posesión real de los bienes que la componen, pierden el derecho de repudiarla, si dentro de tres meses de la apertura de la sucesión, o desde el día en que se les ha informado de habérseles deferido la herencia, no han procedido conforme a las disposiciones concernientes al beneficio de inventario, y se reputarán herederos puros y simples, aun cuando pretendiesen poseer aquellos bienes por otro título.

Es claro que la sentencia declara la prescripción de la acción por el hecho de que se produjo "la prescripción para la aceptación de

---

48 Artículo 999 C.C.

49 Arículo 1.000 C.C.

la herencia, y de la acción para hacer valer el derecho hereditario reclamado", partiendo de la aplicación del artículo 1.011 del Código Civil y de un lapso de diez (10) años después de la muerte del causante, "pues no se evidencia la aceptación tácita ni expresa de la herencia o la interrupción de la prescripción".[50] Pero por fuerza de la disposición contenida en el artículo 1.020 *eiusdem*, se adquirió la condición de heredero puro y simple; lo que hace que la sentencia haga una afirmación contradictoria, ya que la declaratoria de prescripción en una acción de partición de comunidad hereditaria presupone la condición de heredero entre las partes involucradas en la controversia.

Tal posición sobre la necesaria condición de heredero se ve reforzada con las siguientes disposiciones del Código Civil que desarrollan la temática de la aceptación de herencia a beneficio de inventario:

> Artículo 1.027. El heredero que se halle en posesión real de la herencia, deberá hacer el inventario dentro de tres meses a contar desde la apertura de la sucesión, o desde que sepa que se le ha deferido aquella herencia. Si ha principiado el inventario y no lo pudiere terminar en este plazo, ocurrirá al Juez de Primera Instancia del lugar donde se ha abierto la sucesión, para obtener una prórroga, que no excederá de otros tres meses, a menos que graves circunstancias particulares hagan necesario que sea mayor.

> Artículo 1.028. Si en los tres meses dichos no ha principiado el heredero a hacer el inventario, o si no lo ha concluido en el

---

50 El artículo 1.011 se limita a preceptuar que "la facultad de aceptar una herencia no se prescribe sino con el transcurso de diez años".

mismo término, o en el de la prórroga que haya obtenido, se considerará que ha aceptado la herencia pura y simplemente.

3. La primacía de la voluntad contractual y la normativa subsidiaria en la regulación de la comunidad.

Manifiesta la voluntad de las partes que pueden objetivar su relación como comuneros mediante contrato particular, el cual priva ante las disposiciones del Código Civil y las leyes especiales en tanto que no sean pactos o acuerdos que atenten contra el orden público, me permito enumerar unos parámetros básicos que orientan y marcan los derechos de las partes:

3.1 Participación diferenciada y simetría armónica.

En la comunidad ordinaria es factible establecer una participación diferenciada y no proporcional sobre el bien o bienes objeto de propiedad compartida; pero, si no existe expresa regulación, debe considerarse la simetría en la parte que corresponde a los comuneros en la cosa común. Esta paridad está amparada por una presunción *iuris tantum* que puede ser desvirtuada con la prueba de un convenio contentivo de status diferenciado. La regla es que la cuota de cada comunero determina su posición en el concurso de los copropietarios en el disfrute de beneficios y la responsabilidad por las cargas de la comunidad, lo que implica proporcionalidad entre ese concurso y la porción detentada.

3.2 La regla de disolubilidad y sus excepciones.

Como ya se indicó, la comunidad como institución jurídica con relevancia económica no goza del favor de la ley en cuanto a su permanencia indefinida, por lo que se establecen mecanismos que favorezcan la división y adjudicación de los bienes afectados, o su equivalente, en propiedad exclusiva de cada uno de los participes. Sin embargo, cabe advertir que la comunidad no se disuelve por el solo transcurso del tiempo, incluso cuando la temporalidad transcurrida sea de larga data.

De manera que la regla contenida en el precitado artículo 768 del Código Civil requiere de la activación del mecanismo judicial, dirigido a la disolución y división correspondiente, pero también hay que aclarar que ese parámetro general no aplica en el caso de comunidades contempladas por la ley para cumplir fines de preservación de un interés superior, como sería el interés familiar implícito en la comunidad conyugal);[51] la regla de que no puede pedirse la división de aquellas cosas que de dividirse dejan de servir para el uso al cual están destinadas;[52] en el caso de que el testador haya prohibido expresamente la partición de la herencia cuando al menos uno de los herederos sea menor de edad, hasta un año después de que el menor o todos los menores si fueran varios hayan llegado a la mayoridad;[53] e, igualmente, la excepción contemplada en el mismo artículo 768 del Código Civil, al admitirse la legalidad del pacto de indivisión siempre que la obligación de permanecer en comunidad sea por tiempo determinado y no exceda de un lapso de cinco años.

---

51 Queda claro que la justificación de que la comunidad de los bienes gananciales comience desde el día de la celebración del matrimonio, tal como lo prevé el artículo 149 del Código Civil, está sostenida en parte en el hecho de que, con la misma, se cubre tanto el mantenimiento de la familia y la educación de los hijos comunes, y también los de uno solo de los cónyuges en los casos en que tienen derecho a alimentos (Artículo 165.5 C.C.); además, son la fuente de recursos para cubrir los alimentos que cualquiera de los cónyuges esté obligado por la Ley a dar a sus ascendientes, siempre que no pudieren hacerlo con el producto de sus bienes propios (Artículo 165.6 C.C.).

52 Puntualmente, el artículo 769 del Código Civil reza textualmente: "No podrá pedirse la división de aquellas cosas que, si se partieran, dejarían de servir para el uso a que están destinadas".

53 Cfr. artículo 1067 C.C.

3.3 Disponibilidad de la cuota por parte de cada comunero mediante enajenación o gravamen.

La pauta pertinente en lo que se refiere a la disponibilidad de derechos de los comuneros es que cada uno de ellos tiene la libre disposición de su cuota, ya que puede enajenarla a favor de los otros comuneros o a favor de terceros con las limitaciones que pueden surgir del derecho común. La enajenación esta referida a operaciones contractuales que afectan el derecho de propiedad de los bienes a favor de tercero, lo cual puede materializarse mediante un acto de donación, permuta, venta o dación en pago; pero, en los dos últimos de estos casos, cada uno de los comuneros tiene derecho al retracto legal aunque tal facultad no pueda imposibilitar en forma definitiva la voluntad de transferencia.[54]

En cambio, la posibilidad de constitución de gravamen por parte de un comunero esta referida a la constitución de derechos reales como el usufructo, la hipoteca y las servidumbres, evidentemente, sin que opere transferencia de propiedad:

A. En el caso del usufructo, el usufructuario no adquiere la responsabilidad de responder por las cargas del comunero originadas por la comunidad, salvo que exista pacto contrario entre las partes; sin embargo, no se puede oponer tal pacto al comunero reclamante, para resistir la acción de cumplimiento de la responsabilidad de honrar las cargas inherentes a la comunidad

---

54 En efecto, el artículo 1.546 del Código Civil preceptua que "el retracto legal es el derecho que tiene el comunero de subrogarse al extraño que adquiera un derecho en la comunidad por compra o dación en pago, con las mismas condiciones estipuladas en el contrato. Este derecho sólo podrá ejercerse en el caso de que la cosa no pueda dividirse cómodamente o sin menoscabo. En el caso de que dos o más copropietarios quieran usar del retracto, sólo podrán hacerlo a prorrata de la porción que tengan en la cosa común".

B. Considero que la hipoteca de cuota puede constituirse unilateralmente en los casos en que el derecho está referido a bienes de naturaleza inmobiliaria. En el contexto de hipoteca mobiliaria, prevista en la legislación especial, debe existir anuencia de todos los comuneros en forma expresa.[55]

C. Caso especial por su importancia económica sería el de la hipoteca naval sobre buque,[56] ya que entre las facultades fundamentales que comprende este derecho real de garantía, sujeto a la publicidad registral,[57] destaca la

---

[55] Me refiero fundamentalmente a la Ley de Hipoteca Mobiliaria y Prenda Sin Desplazamiento de la Posesión, publicada en la Gaceta Oficial N° E-1.575 del 4 de abril de 1973, la cual en su artículo 1° expresamente consagra: "Podrá constituirse hipoteca mobiliaria y prenda sin desplazamiento de posesión sobre los bienes enajenables susceptibles de ejecución que específicamente se señalan en esta Ley. Cuando tales bienes pertenecieren en copropiedad a varias personas o en usufructo y en nuda propiedad a personas distintas, sólo podrán hipotecarse o pignorarse en su totalidad mediante el consentimiento de todos los copropietarios o el común acuerdo del usufructuario y el nudo propietario"

[56] Regulada en la Ley de Reforma Parcial del Decreto N° 1506, con Fuerza de Ley de Comercio Marítimo, publicada en la Gaceta Oficial N° 38.351 de fecha 5 de enero del 2006, la cual fue originariamente aprobada mediante Decreto Ley N° 1.506 de fecha 30 de octubre de 2001 y publicada en Gaceta Oficial N° 5.551 de fecha 9 de noviembre del 2001. Estos decretos que entran en la categoría de actos de gobierno por ser actos de ejecución directa de la Constitución derogaron la Ley sobre Privilegios e Hipotecas Navales de fecha 27 de septiembre de 1983, publicada en la Gaceta Oficial N° 32.820 de la República de Venezuela; así como el Libro II del Código de Comercio "Del Comercio Marítimo"; el Artículo 1090 en sus ordinales 3, 4, 5 y 6; el último aparte del artículo 1095; el primer aparte del Artículo 1100, y los Artículos 1116, 1117 y 1118 del Código de Comercio publicado en la Gaceta Oficial Extraordinaria de la República de Venezuela N° 475 de fecha 21 de diciembre de 1955.

[57] El Decreto N° 1.445, mediante el cual se dicta el Decreto con Rango, Valor y Fuerza de Ley de Marinas y Actividades Conexas, publicado en la Gaceta Oficial Extraordinaria N° 6.153 de fecha 18 de noviembre de 2014, contiene en su Título III (Del Registro Naval Venezolano) todo lo atinente a la materia registral sobre buques y pone fin a la dualidad registral que existió hasta la fecha de su aprobación al señalar, en su artículo 99.3. entre las competencias del Registrador

posibilidad de que el acreedor hipotecario pueda ejecutar el buque para el cobro de su crédito y el derecho de persecución sobre el buque para hacerlo ejecutar en manos de quien se encuentre, lo que incluye a un eventual comunero. Por tanto, se requiere la anuncia de todos los comuneros para hipotecar un buque.

D. A mayor abundamiento, los riesgos asociados a la constitución de una hipoteca naval son muchos más complejos que el simple incumplimiento y la consecuencial ejecución en la hipoteca ordinaria por cuanto, en derecho marítimo, existe el derecho del acreedor hipotecario a tomar posesión del buque y a explotarlo comercialmente por razones complementarias al impago de capital e intereses adeudados.[58] Tal hipótesis implica una solicitud de embargo por

---

Naval la de "asentar todo documento por el que se constituya, transmita, ceda, declare, renuncie, resuelva, revoque, rescinda, prorrogue, modifique o extinga derechos reales, contratos o actos sobre buques construidos y en construcción que pertenezcan al registro nacional."; y, en el primer aparte del mismo artículo, se establece que "al margen de la inscripción deberá tomarse nota de los documentos por que se constituya, transmita, ceda, declare, renuncie, resuelva, revoque, rescinda, prorrogue, modifique o extinga derechos reales, o establezca cualquier otra limitación sobre el dominio de buques construidos y en construcción".

58 Efectivamente, en los casos que prevé el artículo 140 de la Ley de Comercio Marítimo, por remisión del artículo 141 *eiusdem*; es decir, cuando el deudor hipotecario ponga en peligro el buque hipotecado, o al vencimiento del lapso estipulado para el pago del crédito o de los intereses, o cuando el deudor sea declarado insolvente, o cuando cualquiera de los buques hipotecados sufriere deterioro que lo inutilice para navegar, o cuando se cumplan las condiciones pactadas como resolutorias en el contrato de hipoteca o aquellas que hacen exigible la obligación principal, o cuando estando dos o más buques gravados por hipoteca que garantice la misma obligación ocurriese la pérdida de cualquiera de dichos buques. Todos estos supuestos abren la posibilidad de una grave afectación del derecho de los otros comuneros que no serían deudores hipotecarios, en los casos de existir un estado de comunidad que afecte la propiedad de un buque el acreedor hipotecario tendrá derecho a tomar posesión del buque y a explotarlo comercialmente con la diligencia ordinaria requerida.

parte del acreedor hipotecario y la solicitud expresa dirigida al Juez competente para que este permita la desposesión del buque, en favor del acreedor hipotecario, para su explotación.

E. Pero también, en derecho marítimo, la posibilidad de hipotecar una cuota de participación en una comunidad que afecte un buque tiene un impacto categórico por cuanto existe el derecho del acreedor hipotecario a proceder a la venta directa del buque, ya que en esta materia esta permitido lo que en principio esta vedado en el ámbito del derecho común. Me refiero específicamente al pacto comisorio, prohibido expresamente en nuestra legislación civil para la hipoteca ordinaria,[59] pero cuya validez está expresamente sustentada en la Ley de Comercio Marítimo.[60]

F. En cuanto a la servidumbre existe regulación especial en el artículo 723 del código civil que la condiciona a la aceptación de todos los comuneros.

4. Regulación de derechos y cargas correspondientes, en la relación entre comuneros.

4.1 Antecedentes quiritarios sobre controversias por gastos debidos.

En derecho romano clásico existe un tratamiento bastante

---

[59] De acuerdo con el artículo 1.878 del Código Civil "el acreedor no se hace propietario del inmueble hipotecado por la sola falta de pago en el término convenido. Cualquiera estipulación en contrario es nula".

[60] Se trata de la regulación contemplada en el artículo 143 la Ley de Comercio Marítimo que reza textualmente: "El acreedor hipotecario puede proceder a la venta directa del buque hipotecado en la forma pactada al constituirse la obligación, en caso de incumplimiento del deudor hipotecario. A falta de pacto, el acreedor hipotecario podrá optar por la ejecución forzosa del buque, de conformidad con lo establecido en el Código de Procedimiento Civil".

completo, en materia de gastos, con base a variados comentarios sobre las diferentes situaciones fácticas que puedan presentarse, lo cual puede ser presentado como parámetro adecuado en la actualidad para orientar la evaluación del interprete, a falta de una determinación legislativa exhaustiva, veamos:

i.   De un texto de Paulo se infiere que quien realiza un gasto, sabiendo que rige una comunidad, lo hace en nombre de todos los comuneros y, en consecuencia, puede reclamar lo que le corresponde honrar a los demás, disfrutando de un derecho de retención de la cosa hasta que sea satisfecho, bajo un principio de equidad.[61] El derecho a reclamar el gasto realizado para conservar la cosa común es un derecho que se puede extender inclusive al tercero adquirente de los derechos parciales de uno de los herederos, cuando esta permanece en estado de comunidad.

ii. El Codex refiere una solución aplicable en los tiempos de los emperadores Diocleciano y Maximiano (285-305 a.D.)

---

61 D.10.3.14. *Paulus libro tertio ad Plautium.* **pr.** "In hoc iudicium hoc venit, quod communi nomine actum est aut agi debuit ab eo, qui scit se socium habere". **1.** "Impendia autem, quae dum proprium meum fundum existimo feci, quae scilicet, si vindicaretur fundi pars, per exceptionem doli retinere possem, an etiam, si communi dividundo iudicio mecum agetur, aequitate ipsius iudicii retinere possim, considerandum est. Quod quidem magis puto, quia bonae fidei iudicium est communi dividundo: sed hoc ita, si mecum agatur. Ceterum si alienavero partem meam, non erit unde retinere possim. Sed is, qui a me emerit, an retinere possit, videndum est: nam et si vindicaretur ab eo pars, impendiorum nomine, quae ego fecissem, ita ut ego poterat retentionem facere: et verius est, ut et in hac specie expensae retineantur. Quae cum ita sint, rectissime dicitur etiam impendiorum nomine utile iudicium dari debere mihi in socium etiam manente rei communione. Diversum est enim, cum quasi in rem meam impendo, quae sit aliena aut communis: hoc enim casu, ubi quasi in rem meam impendo, tantum retentionem habeo, quia neminem mihi obligare volui. At cum puto rem Titii esse, quae sit Maevii, aut esse mihi communem cum alio quam est, id ago, ut alium mihi obligem, et sicut negotiorum gestorum actio datur adversus eum cuius negotia curavi, cum putarem alterius ea esse, ita et in proposito. Igitur et si abalienavero praedium, quia in ea causa fuit, ut mihi actio dari deberet, danda mihi erit, ut Iulianus quoque scribit, negotiorum gestorum actio".

que permitía al gobernador de provincia ordenar el reembolso de los gastos en que un comprador ha incurrido
para mejorar la propiedad, teniendo en cuenta las ganancias, en el supuesto de un terreno que fuera comprado a
quien no era legítimo propietario y que era recuperado por
éste.[62] El Codex también permite verificar que el reintegro
de gastos presupone la buena fe de aquel que reclama y
que permite excepción cuando se trata de gastos necesarios realizados para la conservación de la cosa, tal como
se puede verificar en el supuesto de una casa heredada
que ha sido ocupada indebidamente;[63] o quien siembra
en tierra ajena;[64] o la obligación de pagar el costo parcial de construcción a quien construyó una casa en área
común, en la oportunidad en que uno de los comuneros
del terreno reclame una parte proporcional a su cuota de

---

62 C.8.44.16. Imperatores Diocletianus, Maximianus. Super empti agri
quaestione disceptabit praeses provinciae et, si portionem diversae partis esse
cognoverit, impensas, quas ad meliorandam rem vos erogasse constiterit, habita
fructuum ratione restitui vobis iubebit. Nam super pretio evictae portionis non
eum qui dominium evicerit, sed auctricem conveniri consequens est * DIOCL.
ET MAXIM. AA. ALEXANDRO ET DIOGENI. *<A 290 PP. X K. IUL. IPSIS IIII ET
III AA. CONSS.>

63 C.3.32.5. Imperator Gordianus. Domum, quam ex matris successione ad
te pertinere et ab adversa parte iniuria occupatam esse ostenderis, praeses
provinciae cum pensionibus quas percepit aut percipere poterat et omni causa
damni dati restitui iubebit. 1. Eius autem quod impendit rationem haberi non
posse merito rescriptum est, cum malae fidei possessores eius quod in rem
alienam impendunt, non eorum negotium gerentes quorum res est, nullam
habeant repetitionem, nisi necessarios sumptus fecerint: sin autem utiles,
licentia eis permittitur sine laesione prioris status rei eos auferre. * GORD. A.
HERASIANO. *<A 239 PP. II ID. FEBR. GORDIANO A. ET AVIOLA CONSS.>

64 C.3.32.11. Imperatores Diocletianus, Maximianus. Si quis sciens agrum
alienum sevit vel plantas imposuit, postquam eae radicibus terram fuerint
amplexae, solo cedere rationis est. Domini enim magis segetem vel plantas
quam per huiusmodi factum solum suum facit. 1 . Sane eum, qui bona fide
possidens haec fecerit, per doli mali exceptionem contra vindicantem dominium
servare sumptus iuris auctoritate significatum est. * DIOCL. ET MAXIM. AA. ET
CC. GAIANO. *<A 293 D. IIII K. MART. SIRMI AA. CONSS.>

la casa en referencia.[65] Todas estas previsiones del Codex son regulaciones que justifican y son los antecedentes de la normativa contemplada en el artículo 1.183 de nuestro Código Civil.

iii. Como principio general, Celsio establece la necesidad de decisión judicial, con base a la casuística, como determinante para devolver costos en el supuesto de aquel que construye en terreno ajeno.[66]

iv. Papiniano admite la restitución de gastos efectuados sobre bienes de la herencia, así como la inversión que mejora la condición de la herencia, realizados por el tercero poseedor de buena fe, todo asumiendo parámetros de equidad.[67]

v. Juliano refiere la conceptualización de "gastos necesarios y útiles" en el contexto de una donación por acto *mortis causa* y que se produzca una reivindicación del bien por los reclamantes de la herencia.[68]

---

65 C.3.32.16. Imperatores Diocletianus, Maximianus. Si in area communi domum aliquis extruxit, hanc vobis communem iuris fecit ratio. Cuius portionem ab eo, qui bona fide possidens aedificavit, si velis vindicare, sumptus offerre debes, ne doli mali possis exceptione submoveri * DIOCL. ET MAXIM. AA. ET CC. IANUARIO. *<A 293 D. ID. NOV. SIRMI AA. CONSS.> C.3.32.16. Imperatores Diocletianus, Maximianus. Si in area communi domum aliquis extruxit, hanc vobis communem iuris fecit ratio. Cuius portionem ab eo, qui bona fide possidens aedificavit, si velis vindicare, sumptus offerre debes, ne doli mali possis exceptione submoveri * DIOCL. ET MAXIM. AA. ET CC. IANUARIO. *<A 293 D. ID. NOV. SIRMI AA. CONSS.>

66 D.6.1.38. *Celsus libro tertio digestorum*: "In fundo alieno, quem imprudens emeras, aedificasti aut conseruisti, deinde evincitur: bonus iudex varie ex personis causisque constituet. Finge et dominum eadem facturum fuisse: reddat impensam, ut fundum recipiat, usque eo dumtaxat, quo pretiosior factus est, et si plus pretio fundi accessit, solum quod impensum est".

67 D.6.1.48. *Papinianus libro secundo responsorum*: "Sumptus in praedium, quod alienum esse apparuit, a bona fide possessore facti neque ab eo qui praedium donavit neque a domino peti possunt, verum exceptione doli posita per officium iudicis aequitatis ratione servantur, scilicet si fructuum ante litem contestatam perceptorum summam excedant: etenim admissa compensatione superfluum sumptum meliore praedio facto dominus restituere cogitur".

68 D. 39.6.14. *Iulianus libro 18 digestorum*: "Si mortis causa donatus fundus est et in eum impensae necessariae atque utiles factae sint, fundum vindicantes doli mali exceptione summoventur, nisi pretium earum restituant".

vi.   Paulo advierte que el que ha construido un edificio en terreno ajeno no puede obtener reembolso de gastos suntuarios en caso de reivindicación.[69]

vii.   En el marco del rito matrimonial desarrollado en el Digesto 23.2.0., Papiniano plantea la problemática de la dote invalidada por razón de matrimonio ilegal, estableciéndose la regla general del reintegro de la misma salvo los gastos necesarios a la conservación de los bienes que la conformen.[70]

viii.   En el último libro del Digesto aparece un título especial que se denomina "Sobre el significado de las palabras" (D.50.16.0) en el que Paulo clarifica los términos que nos ocupan, al definir en el proemio de D.50.16.79 que "Gastos necesarios" son aquellos que, de no incurrirse, provocarían la perdición o el deterioro de la propiedad;[71] en D.50.16.1 que "gastos útiles" son gastos que mejoran la dotación y no permiten que empeore, de los cuales se obtienen ingresos para la mujer, así como también para la educación y el mantenimiento de los hijos;[72] y en D.50.16.2 se definen lo que hoy serían considerados como gastos suntuarios,

---

69 **D. 44.4.14.** *Paulus libro tertio responsorum*: "Paulus respondit eum, qui in alieno solo aedificium extruxerit, non alias sumptus consequi posse, quam possideat et ab eo dominus soli rem vindicet, scilicet opposita doli mali exceptione".

70 **D.23.2.61.** *Papinianus libro 32 quaestionum*: *Dote propter illicitum matrimonium caduca facta exceptis impensis necessariis, quae dotem ipso iure minuere solent, quod iudicio de dote redditurus esset maritus solvere debet.*

71 **D.50.16.79.** *Paulus libro sexto ad Plautium.* **Pr:** *"Impensae necessariae" sunt, quae si factae non sint, res aut peritura aut deterior futura sit.*

72 **D.50.16.79.1.** *Paulus libro sexto ad Plautium*: *"Utiles impensas" esse fulcinius ait, quae meliorem dotem faciant, non deteriorem esse non sinant, ex quibus reditus mulieri adquiratur: sicuti arbusti pastinationem ultra quam necesse fuerat, item doctrinam puerorum. Quorum nomine onerari mulierem ignorantem vel invitam non oportet, ne cogatur fundo aut mancipiis carere. In his impensis et pistrinum et horreum insulae dotali adiectum plerumque dicemus.*

caracterizados por el hecho de que no se reflejan o traducen en rendimiento de los bienes y son de solo ornato.[73]

4.2 Derechos particulares del comunero.

El artículo 765 del Código Civil marca el derecho de cada comunero, al definir la propiedad de su cuota y de los provechos o frutos que derivan de la misma. Ya se analizó que, como consecuencia de ese señorío jurídico, el comunero puede "enajenar, ceder o hipotecar libremente esa parte, y aun sustituir otras personas en el goce de ellas, a menos que se trate de derechos personales; pero no puede cercar fracciones determinadas del terreno común ni arrendar lotes del mismo a terceros"; tal como lo reza la norma precitada, al tiempo que existen las excepciones derivadas de la naturaleza de los bienes, igualmente comentadas, añadiendo que la enajenación se limita a la parte correspondiente en una eventual partición.

4.2.1 Derecho individual convenido a favor de un comunero.

Como ya se indicó supra, por vía de convenios específicos y singulares los comuneros tienen la facultad de reglar sus derechos, siempre sobre la base del derecho que tiene cada uno de ellos de servirse de la cosa común con los límites previstos expresamente por la ley.[74] Con base a la libre voluntad de los comuneros se

---

73 D.50.16.79.2. *Paulus libro sexto ad Plautium*: *"Voluptariae" sunt, quae speciem dumtaxat ornant, non etiam fructum augent: ut sint viridia et aquae salientes, incrustationes, loricationes, picturae.*

74 Esos límites se perfilan en términos generales en el artículo 761 que reza textualmente: "Cada comunero puede servirse de las cosas comunes, con tal que no las emplee de un modo contrario al destino fijado por el uso, y de que no se sirva de ellas contra el interés de la comunidad, o de modo que impida a los demás comuneros servirse de ellas según sus derechos".

manifiesta permisible la definición de situaciones que permitan el goce y disfrute de la cosa común bajo pecualiaridades de modo, sustitución o delegación, adición, fraccionamiento y concesión; en beneficio de uno o varios de los comuneros con exclusión temporal de los otros.

Sin embargo, considero relevante presentar como posición personal que los acuerdos o pactos entre comuneros no pueden constituirse en una cesión permanente de los derechos que le corresponden a un comunero en función de la comunidad; por lo que afirmo que no se puede pactar la liberación de la obligación de contribuir al pago de gastos comunes en proporción a la cuota sin la anuencia de todos los comuneros, así como objeto la previsión de un convenio que derive en la desactivación o renuncia de los mecanismos que le permiten a un comunero intervenir en defensa de sus intereses sobre el bien común o la universalidad de bienes afectados. Muy especialmente, me refiero al reclamo contra los otros comuneros para hacer efectiva la responsabilidad por la contribución a los gastos necesarios para la conservación de la cosa común.

4.2.2 La problemática de la definición de los gastos a cargo de la comunidad.

El punto álgido está en la diferenciación de lo que se podrían considerar gastos necesarios de aquellos que no lo son, porque los primeros pueden ser asumidos en forma unilateral para luego exigir el resarcimiento corrrespondiente; además, se debe incluir, la temática de la posibilidad de reintegro de erogaciones que, sin ser imprescindibles, han mejorado el bien y acrecentado su valor. Temas que deberían ser objeto de definición judicial, en forma casuística y en el marco de un proceso; por lo que, en mi opinión, no tiene sentido práctico establecer una categorización general de los mismos, ante el riesgo de dejar de incluir múltiples situaciones conflictivas.

Por ejemplo, no existiría duda en cuanto a aquellos gastos de conservación de la cosa, en función de que los mismos eviten su deterioro; y, en sentido operacional, tampoco sobre aquellos gastos que preservan el funcionamiento o dirigidos a que el bien común siga sirviendo al fin al cual está destinado. En estos casos, el comunero tiene la facultad de efectuar el gasto unilateralmente y solicitar el consecuencial reintegro del mismo, opuesto a los otros integrantes de la comunidad. Pero, surge la duda: Tal derecho a sufragar gastos en forma unilateral, ¿persiste a pesar de pacto expreso de los comuneros que permita la designación de un administrador del bien común?

Como esta designación no presupone un acuerdo unánime sino de la mayoría de los comuneros, me inclino a aceptar tal posibilidad del gasto unilateral en situaciónes extremas, vinculadas a los gastos necesarios para evitar la desaparición, daño o deterioro del bien común. Que no decir de los conflictos que se puedan generar por el desembolso de gastos que puedan ser calificados de simple utilidad o suntuarios; esto, sin añadir la dificultad que, en términos generales, se puede presentar para identificarlos y diferenciarlos.

En este último punto, la legislación venezolana no hace una conceptualización general de estos gastos denominados útiles y los gastos suntuarios, los primeros dirigidos a mejorar la cosa misma o su utilización productividad o valor; los otros, configurados como erogaciones que no tendrán incidencia en la conservación o la continuidad del funcionamiento del bien, así como no le concederá plusvalía o mayor rendimiento. En estos dos últimos casos, el desembolso entraría en la categoría de gasto útil y considero que debe evaluarse la situación como una derivación de obligaciones *propter rem*; es decir, los responsables o quienes deben contribuir con el gasto común, se determinaran en el momento en que la obligación se haga valer.

Ante las dudas y la indefinición entre un gasto útil o suntuario, podría ensayarse otra solución diferenciando el concepto de gasto, muy limitado a la cuota establecida por los comuneros y a los estrictos costos de mantenimiento y conservación; anverso a la conceptualización de mejora, determinada por la plusvalía derivada de una inversión especifica y no del efecto natural del entorno económico que puede favorecer la revalorización del bien.

El gasto es objetivo y determinado a diferencia de la mejora que no necesariamente tiene una incidencia paritaria con la erogación realizada. Pero la tradición está en utilizar como criterio la necesidad o utilidad del gasto y así se puede constatar en el Código Civil venezolano:

i.   En orden a regular la gestión de negocios:

> Artículo 1.176.- El dueño cuyo negocio ha sido bien administrado, debe cumplir las obligaciones contraídas por el gestor en su nombre, indemnizarlo de todas las obligaciones que haya contraído y reembolsarle los gastos necesarios o útiles, con los intereses desde el día en que haya hecho esos gastos. Esta disposición no se aplica a la gestión comenzada o a los actos de gestión ejecutados a pesar de la prohibición del dueño, a menos que esta prohibición sea contraria a la Ley, al orden público o a las buenas costumbres.

ii. En materia de reivindicación de bienes y derechos posesorios:

> Artículo 1.183.- Aquél a quien se hubiere restituido la cosa, deberá reembolsar, aun al poseedor de mala fe, los gastos hechos

para la conservación de la cosa, así como los gastos útiles, de conformidad con el artículo 792.

Artículo 1.511.- El vendedor está obligado a reembolsar al comprador, o a hacerle reembolsar por quien ha reivindicado, el valor de las refacciones y mejoras útiles que haya hecho al fundo y a que tenga derecho.

Artículo 792.- El poseedor de buena o mala fe no puede reclamar por mejoras, sino la suma menor entre el monto de las impensas y el mayor valor dado a la cosa.

Artículo 793.- Sólo al poseedor de buena fe compete el derecho de retención de los bienes por causa de mejoras realmente hechas y existentes en ellos, con tal que las haya reclamado en el juicio de reivindicación.

iii.   En el marco del contrato de arrendamiento:

Artículo 1.609.- El arrendador no está obligado a reembolsar el costo de las mejoras útiles en que no haya consentido con la expresa condición de abonarlas; pero, el arrendatario puede separar y llevarse los materiales sin detrimento de la cosa arrendada, a menos que el arrendador esté dispuesto a abonarle lo que valdrían los materiales considerándolos separadamente.

Esta disposición no es aplicable al caso en que se hayan dado en arrendamiento tierras incultas para labrarlas al arrendatario, quien tiene entonces derecho a que se le indemnice el valor de sus plantaciones, obras y construcciones, si no se hubiese estipulado otra cosa.

iv. En el caso de resolución del contrato de obra sin que esta haya concluido:

Artículo 1.640.- El contrato de arrendamiento de obras se resuelve por la muerte del obrero, del arquitecto o del empresario de la obra.

Artículo 1.641.- El dueño de la obra debe, sin embargo, pagar a los herederos de aquél en proporción del precio convenido, el valor de los trabajos hechos y de los materiales preparados, cuando esos trabajos o materiales pueden ser útiles.

Lo mismo se entenderá si el que contrató la obra no puede acabarla por alguna causa independiente de su voluntad.

v. En el marco del contrato de sociedad:

Artículo 1.668.- A falta de estipulaciones especiales sobre el modo de administración, se observarán las reglas siguientes:

1°.- Se presume que los socios se han dado recíprocamente el poder de administrar el uno por el otro. Lo que cada uno hace es válido, aun por la parte de sus consocios, sin que haya obtenido consentimiento de ellos, salvo a cada uno de éstos el derecho de oponerse a la operación antes de que ésta esté concluida.

2°.- Cada socio puede servirse de las cosas pertenecientes a la sociedad, con tal que la emplee según el destino que les haya fijado el uso, y que no se sirva de ellas contra el interés de la sociedad, o de modo que impida a sus compañeros servirse de ellas, según sus respectivos derechos.

3°.- Cada socio tiene derecho de obligar a los demás a contribuir con él a los gastos necesarios para la conservación de las cosas de la sociedad.

4°.- Uno de los socios no puede hacer innovaciones sobre las cosas de la sociedad, aunque las crea ventajosas a ésta, si los demás socios no consienten en ello.

vi. En el marco del contrato de comodato:

Artículo 1.733.- Si durante el préstamo se ha visto el comodatario obligado a hacer para la conservación de la cosa algún gasto extraordinario, necesario, y tan urgente que no haya podido prevenir de él al comodante, éste debe pagarlo.

vii. En el marco del contrato de depósito:

Artículo 1.786.- El depositario está obligado a hacer los gastos necesarios para la conservación de la cosa, y para la recolección, el beneficio y la realización de los frutos; pero no podrá comprometer anticipadamente éstos sin la autorización del Tribunal.

viii.   En el marco del contrato de prenda:

Artículo 1.845.- El acreedor es responsable, según las reglas establecidas en el Título de las obligaciones, de la pérdida o del deterioro de la prenda sobrevenidos por su negligencia.

El deudor debe, por su parte reembolsar al acreedor los gastos necesarios que éste haya hecho para la conservación de la prenda.

4.3 Derechos que implican una decisión de la mayoría de los comuneros.

Existen derechos que corresponden a la mayoría de los comuneros, específicamente aquellos dirigidos a decidir la administración y mejor disfrute de la cosa común de acuerdo al artículo 764 del Código Civil que reza textualmente:

Para la administración y mejor disfrute de la cosa común, pero nunca para impedir la partición, serán obligatorios los acuerdos de la mayoría de los comuneros, aun para la minoría de parecer contrario,

No hay mayoría sino cuando los votos que concurren al acuerdo representan más de la mitad de los intereses que constituyen el objeto de la comunidad.

> Si no se forma mayoría, o si el resultado de estos acuerdos fuese gravemente perjudicial a la cosa común, la autoridad judicial puede tomar las medidas oportunas y aun nombrar, en caso necesario, un administrador.

Fijémonos que la norma despeja cualquier incertidumbre al referirse en forma indubitada a "los intereses que constituyen el objeto de la comunidad", lo que coincide con el criterio adjetivo que define el nombramiento del partidor en el artículo 778 del Código de Procedimiento Civil, aspecto más relevante en el contexto de un juicio de partición; regla que califica a la mayoría con base a la "mayoría absoluta de personas y de haberes". De manera que aquí no se puede aplicar la regla general prevista para el contrato de sociedad,[75] ya que no hay vacío legislativo que justifique supletoriedad, ni siquiera en el caso de la comunidad conyugal a pesar de que se produce expresa remisión en caso de lagunas, ya que dada la naturaleza dual y armonica de esta comunidad, tampoco existe controversia práctica que se pueda plantear.[76]

En definitiva, en las disputas relacionadas con la comunidad, no en el caso de la sociedad, la definición se produce con base a los intereses y no al número de personas que tienen derechos sobre la cosa común. Si la mayoría acuerda un gasto útil todos los comuneros están obligados a contribuir proporcionalmente al mismo y solo pueden liberarse de ese deber mediante el abandono de sus derechos en la cosa común; lo que deriva en

---

75 En el caso del contrato de socios la mayoría se computa por el número de socios de conformidad con el artículo 1.670 C.C.: "Cuando una decisión deba tomarse por mayoría, ésta se computará por personas y no por haberes, salvo convención en contrario".

76 Cfr. artículo 150 C.C.: "La comunidad de bienes entre los cónyuges se rige por las reglas del contrato de sociedad, en cuanto no se opongan a lo determinado en este Capítulo".

un reparto proporcional de ese derecho y de esas cargas, entre los comuneros subsistentes, en lo que se refiere a la parte objeto de abandono.[77]

4.4 Derechos que corresponden por decisión de la totalidad de los comuneros.

Considero que de la revisión histórica y casuística que vengo desarrollando, se puede concluir que en la interpretación dirigida a la objetivación del derecho en los casos de comunidad se debe favorecer, como solución ordinaria, el interés general frente al interés de un comunero en particular. En cuanto a los derechos que se ejercen con el acuerdo de la totalidad de los comuneros, es importante advertir que solo se podrán hacer innovaciones en la cosa común cuando reporte una ventaja general y solo si los demás comuneros consienten en ello. Igualmente, se requiere la unanimidad de los comuneros para enajenar o gravar la totalidad de la cosa común y, en general, para realizar respecto a ella cualquier acto de disposición que la afecte en su integridad.

Insisto, precisamente la situación en la que un comunero podría ser obligado a una erogación con la que no está de acuerdo; o, al contrario, verse impedido de hacer mejoras que pudieran acrecentar el valor del bien, afecta evidentemente los derechos que derivan de la cuota adjudicada a cada comunero y contradice su interés particular, lo que constituye una justificación adicional al objetivo de evitar la inmovilización de los bienes *in commercium*. Por tal razón, sostengo el criterio sobre la pertinencia de una libérrima acción de división de los bienes u obtener el valor monetario correspondiente a la cuota; lo que, adicionalmente, constituye argumento suficiente para sostener la imprescriptibilidad de la acción de partición.

---

77 Cfr. artículo 762 C.C.: "Cada comunero tiene derecho de obligar a los demás a que contribuyan con su porción a los gastos necesarios para la conservación de la cosa común, salvo a éstos la facultad de libertarse de tal deber con el abandono de su derecho en la cosa común".

5. La defensa individual del derecho de posesión y copropiedad en el contexto de una comunidad.

5.1 La temática reivindicatoria e interdictal.

Cada comunero puede proteger su derecho a través de las acciones petitorias en defensa de la propiedad y puede ejercer esta acción no solamente contra terceros sino contra otro comunero. Es claro que si para ejercer una acción reivindicatoria se requiere la cualidad de propietario, esta exigencia no incluye exclusividad en la misma, ya que no se puede desconocer la cualidad del comunero para los actos en que esta sea requerida por detentar la *plena in re potestas* que le permite afirmar que la cosa es suya (*rem suam esse*; Gayo, Inst. 4.92), lo que además del justo título (*habere*) le permite al comunero invocar que la cosa le pertenece y disponer de ella, vendiéndola o gravándola, como ya se ha dicho.

La posesión que ejerce cualquiera de los condóminos sobre la cosa común beneficia a la comunidad. La lógica indica que cualquier acto contra la posesión de alguno de los condóminos lesiona, al mismo tiempo, el derecho de los otros; quienes en nombre de la comunidad puede intentar cualquiera de los interdictos posesorios. En cuanto a estas acciones, es evidente que se debe admitir la cualidad para actuar en juicio, para defender judicialmente su derecho a poseer el bien, cuando el interdicto se intenta contra tercero. En el supuesto de acciónes posesorias entre comuneros se acepta que un comunero pueda intentar la acción interdictal cuando es un coposeedor actual frente a un pretendido comunero.

Aunque pueda parecer trivial por lo obvio, quiero recordar en este punto el criterio básico con el que siempre inicio el desarrollo de mis clases sobre la materia, en cuanto a que en la acción interdictal no se discute la propiedad sino el poder de hecho sobre un bien, al margen de que se ajuste o no a un derecho.[78] La posesión es una situación de hecho que genera consecuencias jurídicas entre las que se encuentra la legitimidad para invocar la protección de la tenencia de una cosa o el goce de un derecho en forma continua y estable. Elementos estos que marcan la evolución jurisprudencial, especialmente aquella relacionada con los elementos probatorios sobre los cuales se debe sustentar la acción.

Lo que implica que el título de propiedad ayuda a colorear la posesión sólo si existen otros elementos de hecho que la comprueban tal como se sostuvo en celebre sentencia de vieja data, reiterada constantemente por nuestra casación.[79] La insuficiencia del título de propietario a los efectos de sostener la cualidad de querellante en un juicio interdictal es un criterio pacifico en la doctrina y la jurisprudencia, por lo que insisto que cualquier decisión en este tipo de procedimiento no deriva en cosa juzgada en cuanto a la definición de la propiedad del bien o universalidad de bienes objeto de litigio; de manera que sería permisible, para quien resulte perdidoso en un proceso interdictal, activar la reivindicación del mismo bien, ya que se trata de juicios de distinta naturaleza.

Es por ello que por razones pedagógicas advierto a mis alumnos de pregrado que esta vedado alegar "propiedad" en una querella

---

78 Entre otros trabajos lo afirmo en el capítulo en que desarrollo el proceso interdictal en **Derecho Procesal Civil II: Procesos Civiles Especiales Contenciosos**. 4ª edición aumentada y corregida. Tomo II. Caracas: Universidad Católica Andrés Bello, 2012. Edición original 1998. Efectivamente, en un proceso interdictal un comunero querellante no está obligado a probar su cualidad de copropietario, tampoco la existencia de la comunidad, elementos que en principio no resultan relevantes ya que lo sustantivo es el alegato de posesión, calificada o no de acuerdo con la situación de perturbación o despojo que determina el tipo de interdicto activado, de manera que no se trata de una cuestión de derecho sino una situación de hecho que requiere ser demostrada con pruebas radicalmente distintas a las de las acciones petitorias.

79 Cfr. Sentencia N° 712-71 de la Sala de Casación Civil, en Gaceta Forense N° 74 correspondiente al año 1971, 2da Etapa, Pág. 432.

interdictal; especialmente, en cada oportunidad en que me veo obligado a imponer una evaluación práctica.[80]

Por ser la voluntad de las partes la fuente regulatoria sustantiva, en los casos de comunidad, en el supuesto de la existencia de un pacto que permita a uno de los comuneros el uso y disfrute del bien común de forma que se excluya la intervención de los otros comuneros, nacería una posesión legítima oponible a un copropietario, en este caso comunero, por lo que sería admisible la posibilidad de un interdicto que se activaría contra perturbaciones o el despojo de los otros comuneros. Fijémonos que esto no constituye rareza alguna y que históricamente se ha admitido la acción interdictal contra el propietario, cuando el poseedor pueda aducir una causa legítima que le permita la detentación de la cosa. Pero es que, en el marco del interdicto restitutorio, éste se otorga "aun contra el propietario" de conformidad con la expresa mención contenida en el artículo 783 del Código Civil.[81]

---

80 El error que vengo advirtiendo ha sido calificado por la Casación Civil como un vicio de inmotivación sobre los supuestos de procedencia de la acción, en la oportunidad de que un juez de instancia desechara todas las testimoniales en un procedimiento interdictal y, al mismo tiempo, apreciar como indicios posesorios unas documentales promovidas "sin pronunciarse sobre, si se ha producido o no el despojo, que el querellado sea el autor de este, la identidad del bien objeto de litigio, y que no haya transcurrido el lapso de caducidad de la acción, y sin considerar, que no puede probarse con título alguno, así sea el de propiedad, la posesión actual sobre la cosa, que por traducirse en la práctica en la tenencia material del objeto, su prueba no puede dimanar directamente de una fuente instrumental, dado que en materia de interdictos, la prueba documental sólo tiene un carácter secundario a los únicos efectos de colorear la posesión acreditada testimonialmente, por ser la posesión un hecho jurídico que se manifiesta o exterioriza a través de actos materiales concretos". Cfr. [s.S.C.C. N° RC.000515-10] Sentencia N° RC.000515 de fecha 16 de noviembre de 2010. Pero además de ser un defecto de actividad, también califica cen varias hipótesis de infracción de ley de acuerdo al enfoque errado de interpretación o la falta de aplicación de las normas que corresponden.

81 Efectivamente, el artículo 783 CC reza textualmente: "Quien haya sido despojado de la posesión, cualquiera que ella sea, de una cosa mueble o inmueble, puede, dentro del año del despojo, pedir contra el autor de él, aunque fuere el propietario, que se le restituya en la posesión".

Me tomo la licencia de citar mis **Comentarios a las Institutas de Justiniano**, buscando una mayor comprensión para la diversidad fáctica en el ejercicio de derechos del poseedor contra el mismo propietario, al traer a colación la figura quiritaria del *furtum possessionis* materializada cuando el propietario arrebata la posesión de la cosa propia a aquel que la posee legítimamente o, en el caso de los simples detentadores, con derecho a retención; lo cual es reconocido por la casuística de Gayo al señalar que "también puede suceder que uno cometa hurto de un objeto de su propiedad por ejemplo, si un deudor sustrae el objeto que entregó en prenda al acreedor, o si robó un objeto mío al que lo posee de buena fe; de ahí que se estime que comete hurto el que oculta a un esclavo propio que huye del que lo poseía de buena fe.[82] Un supuesto en que el propietario comete el *furtum* apoderándose de un bien que le pertenece y el poseedor legitimo puede defender su posesión por vía interdictal.[83]

---

82 **Gaius**, *Inst., III.200*: *Aliquando etiam suae rei quisque furtum committit, ueluti si debitor rem, quam creditori pignori dedit, subtraxerit, uel si bonae fidei possessori rem meam possidenti subripuerim. unde placuit eum, qui seruum suum, quem alius bona fide possidebat, ad se reuersum celauerit, furtum committere.* El *furtum*, traducido del latín como hurto y concebido como una de las fuentes de obligaciones quiritaria que encuadra como "delito", difiere de la conceptualización de delito tal como lo entendemos en la actualidad. El delito romano sería una aproximación a la responsabilidad extracontractual moderna, mientras que delito actual sería equivalente al concepto quiritario de crimen [*crimenea*]; un acto pleno de antijuridicidad, pero signado por el interés público que surge de la entidad del daño y que provoca una actio popular que se canalizaba en un proceso en que el Estado es parte [*Publica Iudicia*]. No deriva en indemnización personal como en el *furtum* ya que la consecuencia jurídica del establecimiento de responsabilidad por "crímen" era la imposición de castigos corporales como la muerte, la *deportatio*, la *relegatio in insulam*, la *flagellatio*, el trabajo en minas, en una primera etapa también la esclavitud e *interdictio aquae et ignis*; aunque podían ser complementadas con una condena pecuniaria a favor del *populus*.

83 Aclaratoria que aparece en mi obra **Comentarios a las Institutas de Justiniano**. Tomo II [Contratos]. Caracas: Universidad Católica Andrés Bello, 2012, pp. 260. En concreto, las institutas preveen expresamente esta problemática en **Iustinianus, *Ins., IV.I.20.13.*** "La acción de furtum se da

Ahora bien, en caso contrario, es decir ante la ausencia de pacto expreso entre los comuneros, considero que la posesión siempre será equivoca, por cuanto es compartida por varios de ellos como atributo (*possidetis*) del derecho de propiedad conjuntamente con el título (habere), el derecho a uso (usus) y a disfrutar la parte de los frutos que les correspondería (frui), lo que excluye la exclusividad en la detentación posesoria. Entonces, la activación de un interdicto de amparo entre comuneros será tremendamente dificultosa por requerir la posesión legítima, a diferencia del interdicto de despojo que solo exije una simple posesión.[84]

En los casos excepcionales en que se intenten interdictos entre comuneros, también considero procedente la excepción de dominio (*exceptio dominii*), defensa que sería utilizada en el supuesto de pacto expreso que confiriera a uno de los comuneros el derecho

---

a aquel que tiene interés en la conservación de la cosa, aun cuando no sea propietario; y éste, por consiguiente, no tiene acción sino en el caso en que se halle interesado en que la cosa no perezca"; e **Ins.,** *IV.I.20.14*. "Según esto es constante que el acreedor a quien se ha robado prenda puede proceder por la acción de furtum, aun cuando el deudor tenga responsabilidad; porque le es más ventajoso recurrir a su prenda que perseguir a nadie; de tal manera que, aunque fuese el mismo deudor quien hubiese sustraído la prenda, no por eso dejaría de tener el acreedor la acción de furtum". En el texto latino original: *Ins., IV.I.20.13. Furti autem actio ei competit, cuius interest rem salvam esse, licet dominus non sit: itaque nec domino aliter competit quam si eius intersit rem non perire*; et *Ins., IV.I.20.14. Unde constat, creditorem de pignore subrepto furti agere posse, etiamsi idoneum debitorem habeat, quia expedit ei pignori potius incumbere quam in personam agere: adeo quidem ut, quamvis ipse debitor eam rem subripuerit, nihilo minus creditori competat actio furti.*

84 A diferencia del artículo 783 del CC precitado, el artículo 782 eiusdem requiere la posesión pacífica, no interrumpida a título de propietario a los efectos del interdicto de amparo, en los siguientes términos: "Quien encontrándose por más de un año en la posesión legítima de un inmueble, de un derecho real, o de una universalidad de muebles, es perturbado en ella, puede, dentro del año, a contar desde la perturbación, pedir que se le mantenga en dicha posesión. El poseedor precario puede intentar esta acción en nombre y en interés del que posee, a quien le es facultativo intervenir en el juicio. En caso de una posesión por menor tiempo, el poseedor no tiene esta acción sino contra el no poseedor o contra quien lo fuere por un tiempo más breve".

al uso exclusivo de la cosa común o de un bien determinado en el marco de una universalidad de bienes. Persevero que, en materia interdictal, se trata de una situación absolutamente extraordinaria aquella en la que un juez deba analizar la prueba documental en la que conste en forma irrefutable el pacto especial a favor de uno solo de los comuneros. Este criterio que expongo no implica la afirmación de identidad entre la acción posesoria y la reivindicatoria; ya que, en la primera, la solicitud de salvaguarda se fundamenta en el hecho jurídico de la posesión y, en la segunda, el pedimento presupone la restitución de la cosa con fundamento en el dominio.

La tradición romanista y el derecho común separa, inclusive en el tiempo, la acción posesoria de la petitoria que se traduce en la acción reivindicatoria. En mi criterio también pendiente una acción posesoria, ninguna de las partes podría activar una petitoria fundamentada en el derecho de propiedad. Pero definitivamente es inadecuado e inaceptable, en el marco de un procedimiento interdictal, el alegato de dominio (*exceptio dominii*) para resistir una acción interdictal salvo la excepción anteriormente expuesta. Ahora bien, en el derecho venezolano, a la fecha de redacción de estas líneas, existe una confusa situación en cuanto a la oportunidad que tiene aquel que supuestamente ejecutó la perturbación o el despojo para defenderse en caso de una acción interdictal,[85] por lo que el juez debería decidir en forma preliminar

---

85 Complejo sería desarrollar extensivamente este aspecto, quizás deba limitarme a advertir que existen criterios divergentes entre la Sala de Casación Civil y la Sala de Casación Social sobre una oportunidad de contestación de querella, no definida expresamente en nuestra legislación. Con la última reforma del C.P.C., se eliminó la oposición al decreto interdictal procedente luego de la citación y solo se prevee una especie de "alegación conclusiva", posterior al lapso de evacuación de pruebas. Al diferirse la oportunidad de resistencia contra el decreto interdictal, condicionándola a la terminación de la articulación probatoria, debía entenderse que los alegatos que expusiera la parte demandada harían las veces de la contestación al fondo, en este sentido puede consultarse [s.S.C.C. N° 524-98] Sentencia de la Sala de Casación Civil de la extinta Corte Suprema de Justicia de fecha 15 de julio de 1998.

la orden interdictal con base a la sola promoción probatoria efectuada por el querellante en contra del querellado, después el juez podría revisar su decisión y revocar el interdicto. Pero este criterio ha sido modificado.

En efe

cto, la Sala de Casación Civil, bajo la vigencia de la Constitución de 1999, definió que "la parte contra quien obre el procedimiento interdictal de carácter posesorio, podrá realizar sus alegatos para dar contestación a la querella interdictal, incluyendo en estos la oposición de cuestiones preliminatorias, las cuales deberán ser resueltas, se insiste, por el principio de brevedad que abraza a los procedimientos interdictales posesorios, de conformidad con las previsiones de los artículos 884 y siguientes del Código de Procedimiento Civil, otorgando así la viabilidad de contradecirlas o subsanarlas".[86]

La innovación planteada no ha sido acogida en forma uniforme por cuanto la Sala de Casación Social, en los casos en que se involucra la materia social, ha considerado que la inexistencia de la contestación a la querella no viola en materia interdictal el derecho a la defensa;[87] y, agrego yo, la posición de la Casación Civil desvirtúa la naturaleza misma del interdicto como juicio sumario de defensa de la posesión y una larga tradición histórica que se remonta a la etapa pre-clásica del Derecho Romano.

5.2 Acreditación de la representación comunitaria.

Para facilitar la defensa en juicio de aquellas personas que se encuentran en comunidad, la ley permite al comunero representar a su condueño en los asuntos relativos a la comunidad, tal y

---

86   [s.S.C.C. N° 132-01] Sentencia N° 132 de fecha 22 de mayo de 2001

87   [s.S.C.S. N° 327-01] Sentencia N° 327 dictada por la Sala de Casación Social el 29 de noviembre de 2001.

como lo prevé el artículo 168 del Código de Procedimiento Civil: "Podrán presentarse en juicio como actores sin poder: El heredero por su coheredero, en las causas originadas por la herencia, y el comunero por su condueño, en lo relativo a la comunidad". En este sentido, para que pueda ser declarada como válida la representación sin poder de una persona en juicio, ésta debe ser invocada, según doctrina pacifica y de larga data:

> En reiterada doctrina de la Sala establecida desde el 11 de agosto de 1966, interpretando los postulados de artículo 46 en su último párrafo del Código de Procedimiento Civil de 1916 derogado (hoy artículo 168), se expresó:
>
> 'La representación prevista en el último párrafo del artículo 46 del Código de Procedimiento Civil no surge espontáneamente por más que el sedicente representante reúna las condiciones requeridas para ejercer poderes en juicio, sino que debe ser expresamente invocada en el acto en que se pretende la representación' (Doctrina reiterada en sentencia de fecha 4 de junio de 1980. G.F.N° 108. Vol II. 3° Etapa. Pág. 1169).
>
> En reciente sentencia de la Sala, de fecha 18 de junio de 1997, se ratificó la anterior doctrina de la Sala, así:
>
> 'Es doctrina de este Supremo Tribunal que la representación sin poder a que se contrae el artículo 168 del Código de Procedimiento Civil debe hacerse valer en forma expresa y no surge en forma espontánea. Así en sentencia del 24 de octubre de 1995 (Juan Carlos Baptista José y otros contra Pan American World Airways, Inc.)... la Sala sostuvo:

'Según el procesalista patrio Arístides Rengel Romberg, la representación sin poder no surge de derecho, aún en quien se considere como tal y reúna las condiciones requeridas para ejercer poder en juicio, sino que debe ser invocada o hecha valer expresamente en el acto en que se pretende ejercer la representación sin poder.

La Sala de Casación Civil, en sentencia de fecha 11 de agosto de 1966 (G.F. N° 53, 2° Etapa. Pág. 306), ha señalado que la representación sin poder no surge espontáneamente por más que el sedicente representante reúna las condiciones requeridas para ejercer poderes en juicio, sino que debe ser expresamente invocada en el acto en que se pretende la representación' ...'

Por consiguiente, los demandantes tenían que invocar expresamente en el libelo la representación sin poder establecida en el artículo 168 del Código de Procedimiento Civil, y no pretender que ésta surgiera de derecho o que el juez la determinara de los documentos acompañados con el libelo..." (Negritas de la Sala).[88]

6. Preservación de los derechos de terceros frente a la comunidad.

En cuanto a las relaciones obligacionales de los comuneros frente a terceros, debe partirse de la particularidad de que la comunidad no tiene personalidad jurídica y, en consecuencia, cada comunero actúa en su propio nombre y en defensa de su propio interés, ya que no existe solidaridad entre ellos. Pero desde una perspectiva,

---

[88] Doctrina de la Sala de Casación Civil en [s.S.C.C. N° RC.00175-04] Sentencia N° RC.00175 de fecha 11 de marzo de 2004. La Sala Constitucional confirmó el criterio en [s.S.C. N° 429-09] Sentencia N° 429 de fecha 28 de abril de 2009.

contraria, en función de la defensa de los intereses de los acreedores de la comunidad, la vía procedimental comprende varias posibilidades, contempladas como esquema de oposición en el artículo 766 del Código Civil:

i. Pueden plantearse dos mecanismos de oposición por vía principal:

a) Oposición a la partición de herencia o al pago de legados de conformidad con el artículo 775 del Código de Procedimiento Civil que implica la citación de los herederos y la de los legatarios para que den su contestación en el quinto día siguiente y si hubiere lugar a juicio, producto de la resistencia de los citados, se desarrolle la sustanciación del proceso de oposición conforme al procedimiento que corresponda por razón de la cuantía.

b) Oposición a que se realicen pagos indiscriminados a otros acreedores sin que previamente se haga la graduación de la generalidad de las acreencias de conformidad con el artículo 775 del Código de Procedimiento Civil. La activación de tal procedimiento por vía principal implica una convocatoria por carteles a los acreedores de la herencia, los cuales se publicarán dos veces por lo menos, en un término de diez días en un periódico de los de mayor circulación en la República, para que concurran a deducir sus derechos en el término de quince días. En la sustanciación de este proceso se seguirán las disposiciones del título de concurso necesario de acreedores regulado del artículo 807 al 812 *eiusdem*.

c) No habrá lugar a la oposición si los herederos o legatarios dieren caución real o personal suficiente para asegurar el pago de la acreencia.

ii.   Por razones de resguardo de la economía procesal y para garantizar el acceso efectivo a la justicia, considero que los acreedores también podrían intervenir como terceros en defensa de su derecho, en una eventual partición, siempre que el procedimiento esté en la fase de cognición. Afirmo la limitante procedimental de intervención del tercero, solo en la primera fase del juicio de partición, por cuanto es en esta fase previa al nombramiento del partidor en la que se dirimen las controversias dirigidas a agregar o excluir bienes o pasivos en la universalidad de bienes, definición básica para que el liquidador pueda cumplir su misión sin interferencias o maniobras obstructivas. Esta última actividad es meramente de liquidación y presupone la cabal definición de los bienes objeto de partición cuando existe aceptación de todos los comuneros, al no objetar mediante la oposición u oponer la defensa en la contestación demanda; o, materializada la trabazón de la Litis, mediante la definición de la sentencia de fondo que traduce la actividad cognitiva del Juez y que implica la resolución de la controversia sobre la inclusión o exclusión de bienes o pasivos. Además, el partidor no puede salirse de los términos de la sentencia de cognición, ni ajustar los mismos, ya que su actividad es evidentemente técnica.

iii. En la hipótesis de una tercería mediante la cual un acreedor se opone a la partición en el propio juicio, a los efectos de garantizar un equilibrio procesal entre los derechos comprometidos, el comunero parte en el proceso podría levantar la oposición al dar caución o garantía suficiente para cubrir las consecuencias de un eventual litigio sobre el crédito alegado, en los términos del artículo 590 del Código Civil.

iv.   Finalmente, los acreedores pueden impugnar la partición ya consumada en el caso de fraude y cuando la partición se haya realizado a pesar de su formal oposición, acción que puede incoarse independientemente de que se trate de una partición amigable o judicial.

Me permito añadir que el procedimiento de partición se aplica a todo tipo de comunidad, aunque la normativa que lo regula esté ubicada en el Título V del Código de Procedimiento Civil relacionado con los procedimientos relativos a las sucesiones hereditarias,[89] lo que también permite vincular este proceso a comunidades sobre un bien determinado y sobre otras universalidades de hecho (*Universitas facti*) o de derecho (*Universitas Iuris*). Con el término "universalidad de bienes" pretendo abarcar cualquier pluralidad de bienes que son consideradas en su conjunto por el orden jurídico, aun cuando los bienes que la integran estén individualizados y sean objeto de derechos y regulaciones diferentes; lo esencial es que los bienes tienen un tratamiento como un todo, aunque alguno de esos bienes que la integran deje de formar parte de la misma o sea sustituido.

Resulta claro que la principal universalidad de derecho se manifiesta con la conceptualización moderna del patrimonio,

---

[89] Resulta simple ejemplificar con la comunidad hereditaria como universalidad de bienes, pero también el Código Civil se refiere en términos genéricos a la universalidad de bienes muebles (Cfr. Arts. 782 y 794), a la universalidad en una alícuota hereditaria (Cfr. Art. 834) o a la universalidad de cosas en materia de donación (Cfr. Art. 1.433); también refiere la Ley de hipoteca mobiliaria y prenda sin desplazamiento de la posesión como objeto de hipoteca: "los establecimientos mercantiles o fondos de comercio", las flotas de "motocicletas, automóviles y camiones de pasajeros, autocares, autobuses, vehículos de carga, vehículos especiales y otros aparatos aptos para circular", "locomotoras y vagones de ferrocarril", flotas de "aeronaves", "maquinaria industrial" (Cfr. Art. 21), así como plodrá constituirse prenda sin desplazamiento de posesión sobre "frutos pendientes y las cosechas esperadas", "los frutos o productos ya cosechados o separados del suelo", los rebaños constituidos por "animales de cualquier especie, así como sus crías y productos derivados" y "los productos forestales cortados o por cortar" (Cfr. Art. 51), necesariamente regulados en su conjunto como específicos casos de universalidad de bienes.

atribuible a una persona como titular de derechos y obligaciones, a la par de una inmanente dignidad moral propia del ser humano; en que destaca la situación de esos bienes como afectos al cumplimiento de los compromisos de esa persona.[90] Este término patrimonio, sin una genérica y circunstanciada regulación en nuestro orden sustantivo, tiene especial trascendencia por las referencias particulares que se destinan a la regulación de las principales comunidades, por la incidencia de controversias que provocan, como sería el caso de la comunidad hereditaria y conyugal.[91]

---

90 En este sentido el artículo 1.864 del Código Civil define que "los bienes del deudor son la prenda común de sus acreedores, quienes tienen en ellos un derecho igual, si no hay causas legítimas de preferencia. Las causas legítimas de preferencia son los privilegios y las hipotecas". Pero igualmente, se encuentran las normas que pueden excluir los bienes patrimoniales de una persona de tales efectos como el caso de la constitución de Hogar prevista en el artículo 632 del Código Civil: "Puede una persona constituir un hogar para sí y para su familia, excluido absolutamente de su patrimonio y de la prenda común de sus acreedores".

91 Por ejemplo, en la definición del testamento como acto revocable por el cual una persona dispone para después de su muerte de la totalidad o de parte de su patrimonio (Cfr. artículo 833 CC); en lo referido a la separación de los patrimonios del de cujus y del heredero (Cfr. Arts. 1.049, 1.050, 1.051 y 1054 CC); y en el equilibrio entre el régimen de comunidad de bienes matrimoniales (Cfr. Art. 148 CC) y la definición de los bienes de la comunidad conyugal (Cfr. Art. 156 CC), ante la definición de los bienes propios de los cónyuges (Cfr. Arts. 151-153 CC).

Capítulo III
Situaciones especiales y atípicas de comunidad en el Derecho Venezolano

1. Sinopsis de casos de comunidades con base al origen y especialidad.

El sentido práctico del análisis histórico, realizado en los capítulos precedentes, está en orden de demostrar, además del origen y evolución de la regulación comunitaria dirigida a clarificar su actual naturaleza, la permanencia y variedad de los conflictos que justifican la necesidad de regular la división práctica de bienes comunes. De esta forma, la primera expresión de comunidad puede derivar de un acuerdo que se traduce en la adquisición de un bien o bienes en forma común. Esta manifestación de voluntad de los comuneros se puede revelar en forma expresa o estar implícita en una modalidad de aceptación tácita.

Como se ha verificado, el origen también puede ser involuntario. Precisamente, resulta de la mayor utilidad identificar que las realidades o circunstancias que activan las controversias pueden surgir de situaciones desvinculadas de un acuerdo de voluntades, los cuales se manifiestan en hechos que se producen de manera accidental e ineludible; como ya identifiqué en las herencias *ab intestato*, un caso particular de *communio incidens* de importancia clave. Es por tal relevancia que se dará un tratamiento especial a esta modalidad, la sucesoral, en el presente estudio.

Ahora bien, esa voluntariedad expresa y manifiesta que emana de un acuerdo o pacto, se conjuga con eventos en que, por vía de consecuencia, el status jurídico asumido por las partes implica un régimen de comunidad que también puede ser pactado o voluntario, tal como sucede con las comunidades derivadas de la unión conyugal, el concubinato y otras uniones de hecho de naturaleza familiar protegidas por la ley. Otra problemática cuyo análisis es objeto de mi singular predilección, surge en forma diferente a la que se origina del interés individual o familiar jurídicamente protegido, ya que deriva del reconocimiento de un régimen especial de propiedad comunitaria sobre las tierras tradicionalmente ocupadas por comunidades indígenas y concebidas como tierras ancestrales.[92]

Esta variedad de supuestos de hecho de comunidad, matizadas por algunas situaciones que rompen la tradicional conceptualización del dominio, llevan a la conclusión de que el proceso de partición se utiliza en forma amplia, más allá de los conflictos sucesorales. Sin embargo, caben otros mecanismos de división de acuerdo a la naturaleza de la comunidad que analicemos, tal como se ha destacado anteriormente.

Finalmente, como reflejo de una política económica que se define como socialista en Venezuela, se debe citar la controvertida definición de "Unidades de Propiedad Social" que resultan de una conceptualización ideológica que pretendería constituirse en un régimen comunitario sustitutivo de la tradicional y milenaria conceptualización de propiedad, aunque con poco éxito en su ejecución. Cito esta normativa para que no se vea su omisión como una actitud negacionista de un nuevo orden económico vigente en Venezuela. Aunque me veo obligado a transmitir como opinión personal que se trata de una simple manipulación del concepto de interés social, siempre digno de protección y resguardo, para

---

92 Un régimen que encuentra su base normativa en los artículos 119, 120, 123 y 124 constitucionales; en la ejecución de los principios constitucionales consagrados en la Ley Orgánica de Pueblos y Comunidades Indígenas; en normativa reglamentaria tal como el Decreto N° 3.273 del 29 de enero de 1999 mediante el cual se dictó el Reglamento para el reconocimiento de la propiedad sobre las tierras tradicionalmente ocupadas por comunidades indígenas; y la conformación de una organización administrativa encargada supuestamente de ejecutar y hacer efectivos esos lineamientos, tal como podría inferirse de la conformación de una Comisión Nacional de Demarcación del Hábitat y Tierras de los Pueblos y Comunidades Indígenas por vía de Resolución de escasa efectividad.

plantear una "propiedad social atípica" que se concibe como derecho que tiene una comunidad sobre bienes determinados.

Un modelo que deriva de una insólita y anodina definición socialista, sin base constitucional; en el marco de un sistema económico fallido, sin perfil propio, estatista, con mercado controlado e intervencionismo autoritario. Adicionalmente, se ha diseñado una estructura no consolidada de Estado Comunal, basado en esa conceptualización de propiedad comunal, con base una normativa compleja.[93]

Supuestamente, la propiedad social o comunal está concebida para el disfrute temporal en común de tierras, bosques y aguas; al tiempo, confluirían los conceptos de Unidad Productiva Familiar, Empresa de Propiedad Social Directa conformada y gestionada en su totalidad por la comunidad y la Empresa de Propiedad Social Indirecta con gestión y administración de un órgano del Poder Público. El objetivo declarado de la normativa sería impulsar, a través de las organizaciones socio-productivas, nuevas formas jurídicas de organización.

---

[93] Dicha normativa se sustenta en la Ley Orgánica de Reforma de la Ley Orgánica de los Consejos Comunales, Publicada en la Gaceta Oficial Extraordinaria N° 6.759 de fecha 25 de agosto de 2023, la cual modifica la Ley Orgánica de los Consejos Comunales, publicada en la Gaceta Oficial N° 39335 de fecha 28 de diciembre de 2009, en la que se regula el manejo de los recursos que son transferidos a los consejos comunales para la ejecución de sus proyectos ordinarios a través de la Unidad Administrativa y Financiera Comunitaria; la Ley Orgánica de las Comunas, publicada en la Gaceta Oficial N° 6.011 Extraordinaria de fecha 21 de diciembre de 2010; y la Ley Orgánica del Sistema Económico Comunal, publicada en la Gaceta Oficial N° 6.011 Extraordinaria de fecha 21 de diciembre de 2010. Complementariamente, se puede mencionar el Decreto N° 1.413 con Rango, Valor y Fuerza de Ley de Reforma del Decreto con Rango, Valor y Fuerza de Ley para la Promoción y Desarrollo de la Pequeña y Mediana Industria y Unidades de Propiedad Social de fecha 13 de noviembre de 2014, originariamente publicado en la Gaceta Oficial Extraordinaria N° 6.150 de fecha 18 de noviembre de 2014, con nueva publicación con aviso oficial de corrección por error material que apareció en la Gaceta Oficial N° 40.550 de fecha 27 de noviembre de 2014.

COMUNIDAD VOLUNTARIA	• Adquisición por acto contractual de dominio compartido de un bien por varios sujetos (Condominium contractuum) • Comunidad conyugal • Comunidad Concubinaria reconocida • Sociedades de Hecho • Conmixtio - Confussio (Caso artículo 572 CC)
COMUNIDAD INVOLUNTARIA (Communio Incidens)	• Herencia ab intestato • Nulidad de testamento • Declaratoria judicial de unión de hecho. • Ruptura vínculo conyugal sin disolución de comunidad de gananciales • Conmixtio - Confussio (Casos artículos 574 y 577 CC) • Disolución o extinción societaria
COMUNIDAD ESTATUTARIA	• Propiedad horizontal • Tiempo Compartido • Multipropiedad

COMUNIDAD BAJO RÉGIMEN
COLECTIVO ESPECIAL

Propiedad comunitaria sobre las tierras tradicionalmente ocupadas por comunidades indígenas y concebidas como tierras ancestrales	Propiedad Intelectual colectiva de los conocimientos, tecnologías e innovaciones de los Pueblos Indígenas	Propiedad comunal bajo el esquema de la economía del Estado Comunal Unidades de Propiedad Social

2. Confussio y comixtio.

Históricamente existieron dos casos en los que, en principio, existía comunidad, pero no se aplicaba la *actio communi dividendo* para la división de la cosa común, dada la procedencia del vínculo. Me refiero a la *comixtio*, entendida como mezcla de solidos; y la *confussio*, diferenciada en cuanto mezcla de líquidos. Estas manifestaciones que podrían traducirse en situaciones de comunidad, en principio se identificaban como casos de accesión de bienes muebles, con diversas hipótesis y posibilidades en su origen, pero no siempre tuvieron el mismo tratamiento.[94]

En este último sentido, Gayo refiere que la consecuencia de un acuerdo que implique la mezcla de materias hace común todo el cuerpo, ya sean las materias de la misma especie o si fueran

---

[94] En el título I del Segundo Libro de las **Institutas de Justiniano** que trata sobre la división de las cosas se refiere el caso de la *confussio*, en los siguientes términos: **Inst.II.1.27**. *Si duorum materiae ex voluntate dominorum confusae sint, totum id corpus quod ex confusione fit utriusque commune est, veluti si qui vina sua confuderint aut massas argenti vel auri conflaverint. sed si diversae materiae sint et ob id propria species facta sit, forte ex vino et melle mulsum aut ex auro et argento electrum, idem iuris est: nam et eo casu communem esse speciem non dubitatur. quodsi fortuitu et non voluntate dominoram confusae fuerint vel diversae materiae vel quae eiusdem generis sunt, idem iuris esse placuit.* Lo sugestivo es que se conforma un tipo de propiedad común que se mantiene hasta nuestros días y que, en general, era producto de un acuerdo entre dos propietarios de cosas que las integraban en una; lo que implicaba que la voluntad de los dos dueños dirigida a mezclar las materias hace común todo el cuerpo, ya sean las materias de la misma especie, como si se mezclaran vino o fundieran plata, o si fueran diferentes, tal como lo señalaba Gayo y lo refiere así **D.41.1.8**: *Gaius libro secundo rerum cottidianarum sive aureorum: 8. Voluntas duorum dominorum miscentium materias commune totum corpus efficit, sive eiusdem generis sint materiae, veluti vina miscuerunt vel argentum conflaverunt, sive diversae, veluti si alius vinum contulerit alius mel, vel alius aurum alius argentum: quamvis et mulsi et electri novi corporis sit species.* Y deja claramente establecido que, aunque no mediara consentimiento, la solución en derecho debía ser siempre la misma: **D.41.1.9**: *Sed et si sine voluntate dominorum casu confusae sint duorum materiae vel eiusdem generis vel diversae, idem iuris est.*

diferentes.[95] Inclusive, advierte que aun en el caso de que no exista acuerdo y se mezclen las materias, la consecuencia será la comunidad sobre el nuevo bien.[96]

Sin embargo, al revisar las fuentes quiritarias, el término *confussio* parece reflejar un género sin que la diferenciación con la *comixtio* pueda aparecer como esencial o determinante; aunque hoy tienen vigencia, ante la expresa regulación en nuestro derecho común.[97] El punto es que el Código Civil venezolano prevé mecanismos de división en dos supuestos, sin especial calificación terminológica ni definición del mecanismo procesal:

1.1.   Primer Supuesto: En el evento de que se forme una cosa con la mezcla de varias materias pertenecientes a diversos dueños, si las materias pueden separarse sin daño o deterioro, el que no haya consentido en su mezcla tendrá derecho a pedir su separación.[98] Procedía entonces el uso

---

95 D.41.1.7.8. *Gaius libro secundo rerum cottidianarum sive aureorum: 8. Voluntas duorum dominorum miscentium materias commune totum corpus efficit, sive eiusdem generis sint materiae, veluti vina miscuerunt vel argentum conflaverunt, sive diversae, veluti si alius vinum contulerit alius mel, vel alius aurum alius argentum: quamvis et mulsi et electri novi corporis sit species.*

96 Idem. D.41.1.9.

97 Por ejemplo, Ulpiano mencionaba la referencia que hace Pomponio, en el supuesto de que algo que sea de una misma naturaleza estuviera tan confuso y mezclado que no se pudiera descomponer y separar; entonces, no se debía reclamar como un todo sino como una parte. El jurisconsulto citado ilustra su comentario indicando que "si mi plata y vuestra plata fuesen reducidas a una masa: será común para nosotros, y cada uno reclamará por la proporción del peso que tengamos en la masa, aunque sea incierto cuánto peso tiene cada uno en la masa". **D.6.1.3. Ulpianus libro 16 ad edictum.** *2. Pomponius scribit, si quid quod eiusdem naturae est ita confusum est atque commixtum, ut deduci et separari non possint, non totum sed pro parte esse vindicandum. Ut puta meum et tuum argentum in massam redactum est: erit nobis commune, et unusquisque pro rata ponderis quod in massa habemus vindicabimus, etsi incertum sit, quantum quisque ponderis in massa habet.*

98 En nuestro Código Civil se manifiesta regulación expresa de comunidad si las materias no pueden separarse o si la separación no puede efectuarse sin

de la *actio in exhibendum* y la *reivindicatio,* procedimientos que son precedentes históricos y con una lógica que aún tiene vigencia ya que permite entender y justificar que, desde una perspectiva adjetiva, no procedería una formal acción de partición en los términos del Código Procesal Civil, sino que en estas situaciones se podrían plantear mecanismos de jurisdicción voluntaria o la reivindicación de los bienes afectos a la accesión.

1.2.   Segundo Supuesto: El caso en que dos cosas muebles, pertenecientes a diferentes dueños, se hayan unido formando un todo, pero pudiendo separarse sin notable deterioro,[99] por lo que cada propietario conserva la propiedad de su cosa y puede pedir su separación (Artículo 572 CC). Ahora bien, esta posibilidad ha sido la adecuada tanto en el derecho quiritario como en el derecho actual; no obstante, el sistema procesal romano admitía, en el mismo sentido del anterior supuesto, no una acción de división sino, primeramente, la *actio in exhibendum* para luego intentar la *reivindicatio* o *actio reivindictae.*[100]

---

daño o deterioro, caso en el cual el objeto formado se hará común en proporción al valor de las materias pertenecientes a cada uno (Artículo 574).

99 Solo para ejemplificar, invocando el antecedente quiritario de tal definición, se hace referencia en el Digesto a que, si del bronce de un propietario se hace una obra con la plata de otro, el resultado no será común porque siendo el cobre y la plata materiales diferentes, suelen ser separados por los artesanos y reducidos a su materia original, tal como se puede verificar en **D.41.1.12.1. Callistratus libro secundo institutionum**: 1. *Si aere meo et argento tuo conflato aliqua species facta sit, non erit ea nostra communis, quia, cum diversae materiae aes atque argentum sit, ab artificibus separari et in pristinam materiam reduci solet.*

100 Esto se deduce claramente del comentario de Paulo, citado en **D.6.1.23.5: Paulus libro 21 ad edictum:** *(...) 5. Item quaecumque aliis iuncta sive adiecta accessionis loco cedunt, ea quamdiu cohaerent dominus vindicare non potest, sed ad exhibendum agere potest, ut separentur et tunc vindicentur: scilicet excepto eo, quod Cassius de ferruminatione scribit. Dicit enim, si statuae suae ferruminatione iunctum bracchium sit, unitate maioris partis consumi et quod semel alienum factum sit, etiamsi inde abruptum sit, redire ad priorem dominum non posse. Non idem in eo quod adplumbatum sit, quia ferruminatio per eandem*

1.3. También existen fórmulas sustitutivas al derecho de dividir, en situaciones puntuales reguladas por la ley actual, siguiendo el parámetro de que lo accesorio cede a lo principal (*accessorium sequitur principale*); por ejemplo, si fuere el caso de cosas que no pueden separarse sin notable deterioro de cualquiera de ellas, el todo corresponde al propietario de la cosa que forme la parte más notable o principal, con la obligación de pagar a los demás propietarios el valor de las cosas unidas.[101]

1.4. Igualmente, el Código Civil regula que bajo la hipótesis de que una persona hubiere hecho uso de materias que no

---

materiam facit confusionem, plumbatura non idem efficit. Ideoque in omnibus his casibus, in quibus neque ad exhibendum neque in rem locum habet, in factum actio necessaria est. At in his corporibus, quae ex distantibus corporibus essent, constat singulas partes retinere suam propriam speciem, ut singuli homines singulae oves: ideoque posse me gregem vindicare, quamvis aries tuus sit immixtus, sed et te arietem vindicare posse. Quod non idem in cohaerentibus corporibus eveniret: nam si statuae meae bracchium alienae statuae addideris, non posse dici bracchium tuum esse, quia tota statua uno spiritu continetur. El mismo artículo de nuestro Código Civil, objeto de análisis, plantea la hipótesis de que la cosa incorporada fuere mucho más valiosa que la principal, y se hubiere empleado sin el consentimiento de su propietario, caso en el cual este último hubiera podido, a su elección, apropiarse el todo pagando al propietario de la cosa principal su valor, o pedir la separación de la cosa incorporada, aunque de ello pueda resultar el deterioro de la otra. Ahora bien, la propiedad común se forma en el derecho quiritario cuando el proceso de integración ha sido producto de la voluntad libre de las partes, lo que implica que no habría *accesio*.

101 Se trata de casos en que se adquiere la propiedad por predominio, ya que el bien más relevante atrae la propiedad ajena con una casuística bastante más variada según Paulo, citado en D.6.1.23., **Paulus libro 21 ad edictum: (...)** *2. Si quis rei suae alienam rem ita adiecerit, ut pars eius fieret, veluti si quis statuae suae bracchium aut pedem alienum adiecerit, aut scypho ansam vel fundum, vel candelabro sigillum, aut mensae pedem, dominum eius totius rei effici vereque statuam suam dicturum et scyphum plerique recte dicunt. 3. Sed et id, quod in charta mea scribitur aut in tabula pingitur, statim meum fit: licet de pictura quidam contra senserint propter pretium picturae: sed necesse est ei rei cedi, quod sine illa esse non potest. 4. In omnibus igitur istis, in quibus mea res per praevalentiam alienam rem trahit meamque efficit, si eam rem vindicem, per exceptionem doli mali cogar pretium eius quod accesserit dare.*

le pertenecían para formar una cosa de nueva especie, puedan o no estas materias volver a tomar su primera forma, el dueño de ellas tendrá derecho a la propiedad de la cosa nuevamente formada, indemnizando a la otra persona del valor de la obra de mano (Artículo 576 CC).

1.5. Si la materia perteneciente a uno de los propietarios pudiere considerarse como principal, y fuese muy superior a la otra en valor, y no pudieren separarse las dos materias, o si su separación ocasionare deterioro, el propietario de la materia superior en valor tendrá derecho a la propiedad de la cosa producida por la mezcla, pagando al otro el valor de su materia (Artículo 575 CC). Cuando alguien haya empleado materia, en parte propia y en parte ajena, para formar una cosa de nueva especie, sin que ninguna de las dos materias se haya transformado enteramente, pero de manera que la una no pueda separarse de la otra sin grave inconveniente, la cosa se hará común, a los dos propietarios, en proporción, respecto al uno, del valor de la materia que le pertenecía, y respecto al otro, de la materia que le pertenecía y del valor de la obra de mano (Artículo 577 CC).

1.6. En el caso anterior se debe considerar la vigencia de una regulación exhaustiva sobre la consecuencia de la accesión involuntaria, contenida en el artículo 580 del Código Civil que reza textualmente: "Siempre que el propietario de la materia empleados sin su consentimiento pueda reclamar la propiedad de la cosa, tendrá la elección de pedir la restitución de otro tanto de materia de la misma calidad o su valor"; igualmente, se consolida un régimen de propiedad común de acuerdo con el artículo 579 *eiusdem* que estatuye: "Cuando la cosa se haga común entre los propietarios de las materias de que se haya formado, cada uno de ellos podrá pedir su venta por cuenta de los interesados".

3. Comunidad conyugal.

3.1 Extinción, disolución y liquidación de la comunidad conyugal.

El artículo 77 constitucional contiene la norma garantista básica de la unión conyugal, entre hombre y mujer, fundado en el libre consentimiento y en la igualdad absoluta de los derechos y deberes de los cónyuges. La evidente consecuencia de tal parámetro es que, definido un régimen de bienes basado en una comunidad entre los cónyuges, ninguno de ellos tendría la "libre disposición de los bienes que conforman la comunidad conyugal sin contar con el consentimiento del otro, pues no se trata de una comunidad ordinaria en la que la sociedad puede existir entre personas cualquiera, sino de una comunidad que surge con ocasión a un vínculo matrimonial, el cual como institución, cuenta con la expresa protección constitucional".[102] Lo que está legalmente fijado en el artículo 168 del Código Civil:

Cada uno de los cónyuges podrá administrar por sí solo los bienes de la comunidad que hubiere adquirido con su trabajo personal o por cualquier otro título legítimo; la legitimación en juicio, para los actos relativos a la misma corresponderá al que los haya realizado. Se requerirá del consentimiento de ambos para enajenar a título gratuito u oneroso o para gravar los bienes gananciales, cuando se trata de inmuebles, derechos o bienes muebles sometidos a régimen de publicidad, acciones, obligaciones y cuotas de compañías, fondos de comercio, así como aportes de dichos bienes a

---

102 Cfr. [s.S.C. N° 1.346-13] Sentencia N° 1.346 de fecha 16 de octubre de 2013.

sociedades. En estos casos la legitimación en juicio para las respectivas acciones corresponderá a los dos en forma conjunta.

El Juez podrá autorizar a uno de los cónyuges para que realice por sí solo, sobre bienes de la comunidad, alguno de los actos para cuya validez se requiere el consentimiento del otro, cuando ésta se encuentre imposibilitado para manifestar su voluntad y los intereses del matrimonio y de la familia así lo impongan. Igualmente el Juez podrá acordar que el acto lo realice uno de los cónyuges cuando la negativa del otro fuere injustificada y los mismos intereses matrimoniales y familiares así lo exijan. En estos casos el Juez decidirá con conocimiento de causa y previa audiencia del otro cónyuge, si éste no estuviere imposibilitado, tomando en consideración la inversión que haya de darse a los fondos provenientes de dichos actos.

Fijémonos que la Jurisprudencia en la Casación Social ha definido que "las únicas causas legales que permiten la disolución y liquidación de la comunidad de gananciales, son: la nulidad del matrimonio, la ausencia declarada, la quiebra de uno de los cónyuges y la separación judicial de bienes. De lo contrario, "los cónyuges no pueden voluntariamente disolver y liquidar la comunidad de bienes, mientras no quede ejecutoriada la sentencia de divorcio".[103] Obsérvese que en tal definición casacional se encuentra implícito que la sentencia de divorcio extingue la comunidad conyugal, pero la disolución sería un mecanismo que conduciría a un acto posterior.

---

103 cfr. [s.S.CS. N° 822] Sentencia N° 822 de fecha 14 de agosto de 2017.

Adicionalmente, considero que sólo después de disuelta la sociedad conyugal, puede un cónyuge accionar contra el otro para exigir la presentación de cuentas, pero debe estar referida a la fase posterior de la ruptura del vínculo mediante decisión judicial definitivamente firme y bajo la premisa que no se produjo una disolución formal de la comunidad con su correspondiente liquidación, lo que implicaría que subsistió una comunidad ordinaria. En tal supuesto, puede surgir la necesidad de esclarecer las situaciones relacionadas con la administración de los que, en tal caso, serían bienes afectos a un interés ajeno.

La rendición de cuenta sería pues un mecanismo procesal para esclarecer los hechos; tomar las providencias cautelares necesarias a la seguridad de los bienes comunes, mientras dure la liquidación; y obtener el pago que corresponda en caso de una gestión incorrecta o de una cuenta que demuestre la existencia de un saldo favorable producto de la gestión o enajenación ejecutada.[104]

3.2 Mecanismos de protección de la comunidad conyugal.

La conclusión contenida en el aparte anterior por cuanto, durante la vigencia de la relación matrimonial en sentido formal, están previstos mecanismos específicos para la defensa de los intereses de los cónyuges, en ocasión de la administración de los bienes comunes, muy distintos a un proceso de rendición de cuentas que sería improcedente mientras persista el status matrimonial;

---

[104] El resultado final del cobro a favor del solicitante de la cuenta se produce al margen de la presentación de la cuenta por lo que, a pesar de lo absurdo que pueda parecer, repito lo que digo en el aula; el juicio de rendición de cuentas es un juicio dirigido a la definición de un título ejecutivo para el cobro, por lo que su objetivo final no se limita a obligar al demandado a la presentación de la cuenta. Cfr. [s.S.C.C. N° RNyC-00510-07] Sentencia N° RNyC-00510 de fecha 10 de julio de 2007.

por cuanto tiene como petitorio el cobro de la cantidad que resulte a favor del solicitante producto de las gestiones realizada por quien tendría la condición de tercero después de extinguida la comunidad conyugal, siempre dejando claro la aplicabilidad del artículo 764 del Código Civil en cuanto a la comunidad ordinaria subsistente, el cual fue ya citado supra. Esos procesos especialísimos tienen regulación expresa en el referido artículo 168, además de los artículos 170 y 171 del mismo Código Civil que rezan textualmente:

> Artículo 170. – Los actos cumplidos por el cónyuge sin el necesario consentimiento del otro y no convalidados por éste, son anulables cuando quien haya participado en algún acto de disposición con el cónyuge actuante tuviere motivo para conocer que los bienes afectados por dichos actos pertenecían a la comunidad conyugal.
>
> Quedan a salvo los derechos de los terceros de buena fe que, no habiendo participado en el acto realizado con el cónyuge, hubiesen registrado su título con anterioridad al registro de la demanda de nulidad. En caso de bienes inmuebles se procederá a estampar en el protocolo correspondiente la nota marginal referente a la demanda de nulidad; en los otros casos, se tomarán las providencias que garanticen la protección de los terceros de buena fe.
>
> La acción corresponde al cónyuge cuyo consentimiento era necesario y caducará a los cinco (5) años de la inscripción del acto en los registros correspondientes o en los libros de las sociedades si se trata de acciones, obligaciones o cuotas de participación. Esta acción se transmitirá a los herederos del cónyuge legitimado si éste fallece dentro del lapso útil para intentarla.

Cuando no procede la nulidad, el cónyuge afectado sólo tendrá acción contra el otro por los daños y perjuicios que le hubiere causado. Esta acción caducará al año de la fecha en que ha tenido conocimiento del acto y, en todo caso, al año después de la disolución de la comunidad conyugal.

Artículo 171. – En el caso de que alguno de los cónyuges se exceda de los límites de una administración regular o arriesgue con imprudencia los bienes comunes que esté administrando, el Juez podrá, a solicitud del otro cónyuge, dictar las providencias que estime conducentes a evitar aquel peligro, previo conocimiento de causa. De lo decidido se oirá apelación en un solo efecto, si se acordaren las medidas y libremente, en caso contrario.

Si las medidas tomadas no bastaren, el cónyuge perjudicado podrá pedir separación de bienes.

De la anterior relación normativa, se puede concluir que, a la par de la imposibilidad de disposición unilateral de los bienes comunes, por parte de uno de los cónyuges sin el consentimiento del otro, existen los siguientes mecanismos protectivos durante la relación matrimonial:

a) Autorización judicial en interés familiar en caso de imposibilidad de manifestación de voluntad del otro cónyuge o una negativa injustificada que lesione el patrimonio familiar;

b) Nulidad de los actos de disposición realizados sin el consentimiento del otro cónyuge y no convalidados por éste, siempre que el tercero adquirente no tuviera conocimiento que los bienes afectados pertenecían a la comunidad conyugal;

c) Medidas especiales de cautela solicitadas judicialmente por uno de los cónyuges cuando el otro realice actos que excedan de los límites de una administración regular o arriesgue con imprudencia los bienes comunes que esté administrando; y

d) Declaratoria judicial de separación de bienes sin disolución del vínculo conyugal, asumidas con carácter subsidiario, si las medidas anteriormente mencionadas se muestran insuficientes para evitar el daño al patrimonio comunitario.

Pero volviendo al punto en que la comunidad conyugal se extingue cuando se produce la declaratoria judicial de la nulidad o disolución del matrimonio, por la quiebra de uno de los cónyuges y por la separación judicial de bienes, en la hipótesis de extinción de la comunidad conyugal procede entonces como paso subsiguiente su disolución y liquidación, términos que conviene diferenciar porque la extinción supone el cese definitivo de un status dominial-matrimonial y su sustitución por otro status dominial-comunitario mientras que no se produzca la disolución y liquidación, por lo que estos últimos mecanismos reflejan un proceso de desvinculación y adjudicación en propiedad de esos mismos bienes.

Diferencia que no es vana si se toma en consideración el aspecto objetivo relacionado con la nulidad de los actos cumplidos por el cónyuge sin el necesario consentimiento del otro y no convalidados por éste, ya que el precitado artículo 170 del Código Civil preceptúa que la acción "caducará a los cinco (5) años de la inscripción del acto en los registros correspondientes o en los libros de las sociedades si se trata de acciones, obligaciones o cuotas de participación"; y que, en el supuesto de que no proceda la nulidad, precisamente por haber vencido el lapso de caducidad que parte de la fecha del debido registro de los actos, la acción por los daños y perjuicios causados que eventualmente podría incoar el afectado por la acción desleal caducaría también "al año de la fecha en que ha tenido conocimiento del acto y, en todo caso, al año después de la disolución de la comunidad conyugal".

Considero que la intención del legislador no se refiere a una caducidad de la acción de daños y perjuicios que se origine en la ruptura del vínculo conyugal y consecuencial extinción de la comunidad conyugal, sino que el cómputo del término de caducidad se haría a partir de la efectiva disolución y liquidación de la misma, como mecanismo posterior a su extinción. De manera que esta caducidad del 170 *eiusdem*, como límite temporal para poder exigir los daños y perjuicios, tiene que partir del conocimiento exacto de la situación lesiva que se materializaría al constatar la exclusión de ciertos bienes de la comunidad conyugal, justamente al ejecutar la disolución y liquidación del mismo, lo cual necesariamente sería posterior al vencimiento de los cinco (5) años del término de caducidad que de cumplirse impediría solicitar la nulidad de los actos.[105]

Interpretación contraria solo protegería actos dolosos y simulaciones contrarios a los fines del matrimonio, en perjuicio de aquel a quien se debía ayuda, fidelidad y respeto de conformidad con el artículo 137 del Código Civil; normativa que, adicionalmente, obliga a los cónyuges a contribuir en la medida de sus recursos, al cuidado y mantenimiento del hogar común y a las demás

---

[105] Esto lo afirmo a pesar de jurisprudencia casacional que niega al concubino la acción de simulación pero si le otorga legitimidad para incoar la acción por daños y perjuicios, en los siguientes términos: "Que exista la unión estable de hecho sin que sea declarada judicialmente o administrativamente, donde uno de los concubinos enajene alguno de los bienes que formarían parte de la comunidad concubinaria, y que dicha declaratoria sea realizada judicialmente o administrativamente, según sea el caso, con fecha posterior a la realización de la venta, el concubino que se crea perjudicado por tal hecho, de conformidad con los dispuesto en el último aparte del artículo 170 del Código Civil, solamente estaría legitimado activamente para intentar la demanda por indemnización por daños y perjuicios, más no la acción de simulación". Cfr. [s.S.C. N° 161-24] Sentencia N° 161 del 4 de abril de 2024.

cargas matrimoniales, pudiendo ser obligado judicialmente el cónyuge que sin causa justificada dejare de cumplir con dichas obligaciones.

3.3 Restablecimiento de la comunidad conyugal.

Otra situación similar se puede presentar en los casos de restablecimiento de la comunidad conyugal ya que el efecto es la ficción legal de que la separación nunca se efectuó. En tal caso, puede surgir la necesidad de esclarecer los hechos ocurridos en defensa de los derechos de los cónyuges, en el interregno; y de los derechos adquiridos por los terceros durante la separación, así como en el caso de separación de cuerpos en que se produzca reconciliación de los cónyuges.

En efecto, el precitado artículo 185 establece, conjuntamente con las causales de divorcio, la posibilidad de declarar el divorcio "por el transcurso de más de un año, después de declarada la separación de cuerpos, sin haber ocurrido en dicho lapso la reconciliación de los cónyuges". Y se prevé que, en tal caso, el Tribunal en forma sumaria y a petición de cualquiera de los cónyuges, declarará la conversión de separación de cuerpos en divorcio, previa notificación del otro cónyuge y con vista del procedimiento anterior...".

Ahora bien, la separación de cuerpos que tradicionalmente puede tramitarse por el mutuo consentimiento de los cónyuges, suspende la vida en común de ellos, aunque persistan las obligaciones inherentes a un vínculo matrimonial que no está extinto. Es por tal razón que el artículo 762 del Código de Procedimiento Civil prevé un régimen transitorio con especial mención sobre el tratamiento que los bienes de la comunidad deben tener durante el proceso. Asimismo, el artículo 763 deja establecida la competencia del Juez que conoce la solicitud de separación para dictar las medidas a que se refiere el artículo 191 del Código Civil durante el tiempo en que perdure la suspensión del vínculo, cuando así lo justifique una situación de hecho alegada y probada en el curso del proceso.[106]

Ha dicho la Casación Social que el caso del divorcio o muerte la disolución de la comunidad conyugal aplica de mero derecho, pero en el caso de la separación judicial de bienes, como la separación de bienes solicitada durante la solicitud de la separación de

---

106 Artículo 762 del CPC: Cuando los cónyuges pretendan la separación de cuerpos por mutuo consentimiento, presentarán personalmente la respectiva manifestación ante el Juez que ejerza la jurisdicción ordinaria en primera instancia en el lugar del domicilio conyugal. En dicha manifestación los cónyuges indicarán: 1. Lo que resuelvan acerca de la situación, la educación, el cuidado y la manutención de los hijos. 2. Si optan por la separación de bienes. 3. La pensión de alimentos que se señale. Parágrafo Primero. Presentado el escrito de separación, el Juez, previo examen de sus términos, decretará en el mismo acto la separación de los cónyuges, respetando las resoluciones acordadas, salvo que sean contrarias al orden público o las buenas costumbres. Parágrafo Segundo. La falta de manifestación acerca de la separación de bienes no impedirá a los cónyuges optar por ella posteriormente, dentro del lapso de la separación. El referido artículo 191 del Código Civil reza textualmente: La acción de divorcio y la de separación de cuerpos, corresponde exclusivamente a los cónyuges, siéndoles potestativo optar entre una u otra; pero no podrán intentarse sino por el cónyuge que no haya dado causa a ellas. Admitida la demanda de divorcio o de separación de cuerpos, el Juez podrá dictar provisionalmente las medidas siguientes: 1. Autorizar la separación de los cónyuges y determinar cuál de ellos, en atención a sus necesidades o circunstancias, habrá de continuar habitando el inmueble que les servía de alojamiento común, mientras dure el juicio, y salvo los derechos de terceros. En igualdad de circunstancias, tendrá preferencia a permanecer en dicho inmueble aquel de los cónyuges a quien se confiere la guarda de los hijos. 2. Confiar la guarda de los hijos menores, si los hubiere, a uno solo de los cónyuges y señalar alimentos a los mismos: también podrá, si lo creyera conveniente, según las circunstancias, poner a los menores en poder de terceras personas; en todos los casos hará asegurar el pago de la pensión alimentaria de los hijos, y establecerá el régimen de visitas en beneficio del cónyuge a quien no se haya atribuido la guarda. 3. Ordenar que se haga un inventario de los bienes comunes y dictar cualesquiera otras medidas que estime conducentes para evitar la dilapidación, disposición u ocultamiento fraudulento de dichos bienes. A los fines de las medidas señaladas en este artículo el Juez podrá solicitar todas las informaciones que considere convenientes.

cuerpos, "implica un proceso judicial con sus diferentes etapas, donde el juez verificará que el acuerdo no sea contrario al orden público, las buenas costumbres o una disposición expresa de la ley; esto como regla general de análisis a las homologaciones que se presentan en materia de protección de niños, niñas y adolescentes".[107] Sin embargo, se ha privilegiado la posibilidad de acuerdos sobre la disolución y liquidación de la comunidad conyugal, tal como lo definió la misma sentencia precitada:

> De las normas transcritas se desprende la voluntad del legislador que se haga uso de los medios alternativos de resolución de conflictos, al punto de establecerse una asistencia obligatoria a la audiencia de mediación durante el procedimiento ordinario y en todas las instituciones familiares priva la voluntad de las partes antes que la intervención del juez, al punto que en el artículo 518 de la ley que protege a niños, niñas y adolescentes, -que regula lo relativo a las homologaciones de los acuerdos extrajudiciales, como el caso que se analiza-, se establece un imperativo al juez de homologarlo dentro de los tres días siguientes a su presentación y si bien se indica que tal homologación debe ser total o parcial, la negativa debe ser motivada, pues implica una revisión del juez, quien justificará las razones por las cuales decidió no homologar.

> En el presente caso se verifica que el juez de mediación y sustanciación del estado Vargas que conoció de la solicitud no expresó razones para no homologar el convenio en su totalidad, por lo que debe entenderse homologada la parte relativa a la separación de bienes,

---

107 [s.S.CS. N° 822] Sentencia N° 822 de fecha 14 de agosto de 2017, ya citada.

mas aun cuando se benefició a la niña al cederle un bien inmueble, y cualquier interpretación contraria iría en detrimento de su interés superior, que la resguarda de conformidad con el artículo 8 de la ley especial que rige esta materia.

En este sentido, las partes suscribieron un acuerdo de separación de cuerpos y de bienes por mutuo consentimiento, conforme los artículos 189 y 190 del Código Civil, que fue homologada por el Tribunal Primero de Primera Instancia de Mediación y Sustanciación del Circuito Judicial de Protección de Niños, Niñas y Adolescentes del estado Vargas en fecha 03 de agosto de agosto de 2012, y por tanto la cual tiene efecto de cosa juzgada y por ende es de cumplimiento obligatorio entre las partes aunado al compromiso que adquirieron en relación a la niña.

En consecuencia, lo procedente en derecho es declarar sin lugar la demanda propuesta de partición y liquidación de la comunidad conyugal, en razón que la comunidad ya fue partida por el acuerdo suscrito por los prenombrados ciudadanos al momento de introducir su solicitud de separación de cuerpos y de bienes; siendo necesario que las partes realicen las gestiones necesarias para materializar dicho acuerdo, y así se decide.[108]

Finalmente, la Casación Social ha establecido el criterio de que en los procesos de separación de cuerpo no opera la perención que consagra el artículo 267 del Código de Procedimiento Civil en la primera fase del mismo, porque ninguna actividad se le exige a las partes que pueda ocasionarla; sin embargo, si resulta

---

108 ídem.

plausible al transcurrir el término de un año establecido como requisito para materializar la conversión en divorcio, tal como lo planteó la misma Sala,[109] criterio que ha sido ratificado en diversas decisiones y asumida por la Casación Civil:

De los criterios supra transcritos se desprende que la sanción procesal prevista en el artículo 267 del Código de Procedimiento Civil no puede aplicarse al procedimiento de separación de cuerpos por mutuo consentimiento antes de la solicitud de conversión en divorcio, por cuanto en esta fase del procedimiento no se le exige a las partes el despliegue de ninguna conducta cuya omisión sea capaz de ocasionarla, por cuanto solo se prevé la solicitud de conversión en divorcio la cual únicamente procedería un año después de decretada la separación y en caso de que no haya habido reconciliación, no obstante la segunda fase que se inicia una vez se solicita la conversión en divorcio de la separación de cuerpos sí resulta aplicable la perención de la instancia.[110]

3.4 Cambio jurisprudencial en materia de disolución del vínculo matrimonial.

Un aspecto de singular importancia en los procesos de divorcio ha sido la tendencia actual de simplificación de los tramites y la flexibilización de los criterios de interpretación con el objeto de propiciar la disolución del vínculo matrimonial; y no lo contrario, la búsqueda de la defensa del matrimonio como institución básica sobre la cual debería sustentarse la familia. En este sentido, podemos advertir algunos cambios relevantes en la legislación y la jurisprudencia patria:

---

109   [s.S.C.S. N° 292-12] Sentencia N° 292 de fecha 10 de abril de 2012.

110   [s.S.C.C N° 201-14] Sentencia N° RC.000201 de fecha 3 de abril de 2014.

3.4.1 La Ley Orgánica de la Jurisdicción Especial de la Justicia de Paz Comunal atribuyó competencia a los jueces de paz para: "Declarar, sin procedimiento previo y en presencia de la pareja, el divorcio o la disolución de las uniones estables de hecho cuando sea por mutuo consentimiento; los solicitantes se encuentren domiciliados en el ámbito local territorial del juez o jueza de paz comunal; y no se hayan procreado hijos o de haberlos, no sean menores de 18 años a la fecha de la solicitud".[111]

3.4.2 La Sala Constitucional del Tribunal Supremo de Justicia determinó con carácter vinculante un criterio interpretativo del artículo 185-A del Código Civil que modificó la tradicional conceptualización de la disolución del vínculo conyugal por una separación de hecho prolongada.

    i. Tal norma establece en principio que cualquiera de los cónyuges puede solicitar el divorcio alegando ruptura prolongada de la vida en común, siempre y cuando hayan permanecido separados de hecho por más de cinco (5) años.

    ii. La aplicación de tal disposición implicaba que, una vez admitida tal solicitud y citado el otro cónyuge, se presentaban tres (3) situaciones hipotéticas respecto a la comparecencia o no del mismo: a) Si el cónyuge

---

111 Ley Orgánica de la Jurisdicción Especial de la Justicia de Paz Comunal, sancionada por la Asamblea Nacional y publicada en la Gaceta Oficial N° 39.913 del 2 de mayo de 2012, artículo 8.8. A poco de la aprobación de la Ley, la Sala Constitución dictó decisión que confirió competencia a los tribunales de municipio, en aquellas circunscripciones judiciales donde no existan jueces de paz comunal, para conocer y decidir solicitudes de divorcio por mutuo consentimiento, conforme a lo dispuesto en el artículo 8 de la ley orgánica de la jurisdicción especial de la justicia de paz comunal: [s.S.C. N° 1.710-15] Sentencia N° 1.710 de fecha 18 diciembre de 2015.

citado comparecía y reconocía el hecho y el fiscal no se oponía, el juez declaraba el divorcio; b) Si el cónyuge no comparecía personalmente se declaraba terminado el procedimiento y se ordenaba el archivo del expediente; o c) Si el cónyuge comparecía pero negaba el hecho, o si el Fiscal del Ministerio Público lo objetaba, se declaraba terminado el procedimiento y se ordenaba el archivo del expediente.

iii. Pero bajo el nuevo criterio interpretativo, "si el otro cónyuge no compareciere o si al comparecer negare el hecho, o si el Fiscal del Ministerio Público lo objetare, el juez abrirá una articulación probatoria, de conformidad con lo establecido en el artículo 607 del Código de Procedimiento Civil, y si de la misma no resultare negado el hecho de la separación se decretará el divorcio; en caso contrario, se declarará terminado el procedimiento y se ordenará el archivo del expediente".[112]

iv. Lo anterior significa que, a raíz de la vigencia de tal criterio vinculante, la negativa del hecho de la ruptura prolongada no implica la terminación del proceso en forma automática, inclusive ante la objeción del Fiscal del Ministerio Público; sino que ahora la prueba del hecho controvertido obliga a la apertura del lapso previsto en el referido artículo 607 y, eventualmente, la función cognitiva del Juez podría derivar en la declaratoria de disolución del vínculo, en caso de que sea sostenida la ruptura prolongada por los elementos probatorios evacuados.

---

112 [s.S.C. N° 446-14] Sentencia N° 446 de fecha 15 de mayo de 2014.

3.4.3 Bajo el argumento de que "se promueve más el matrimonio como institución cuando se ofrecen condiciones fáciles, claras y accesibles para disolver el vínculo, que cuando se colocan obstáculos legales, pues, en nuestros días, la pareja opta por convivir sin contraer nupcias, como una solución que les permite gozar de los mismos efectos que el matrimonio, lo que se conoce como 'uniones de hecho', hoy día equiparadas por la Constitución y reconocidas por la jurisprudencia de esta Sala y por algunas leyes de la República (Ley Orgánica de Registro Civil, Ley del Seguro Social o la Ley Orgánica de Protección a la Familia, la Maternidad y la Paternidad)", [113] la Sala Constitucional del Tribunal Supremo de Justicia determinó con carácter vinculante un criterio interpretativo sobre el artículo 185 del Código Civil, en el sentido que las causales de divorcio contenidas en el referido artículo no son taxativas, por lo cual "cualquiera de los cónyuges podrá demandar el divorcio por las causales previstas en dicho artículo o por cualquier otra situación que estime impida la continuación de la vida en común, en los términos señalados en la sentencia N° 446/2014, ampliamente citada en este fallo; incluyéndose el mutuo consentimiento".[114]

---

113 [s.S.C. N° 693-15] Sentencia N° 693 de fecha 2 de junio de 2015.

114 s.S.C. N° 693-15, ibíd. La Sala Constitucional pretendió asumir en esta decisión la defensa de la familia debilitando a la institución matrimonial y justificó su decisión afirmando que "se ha dicho en contra del divorcio que el mismo atenta contra la estabilidad de las familias constituidas por el matrimonio, y que el Estado debe estar interesado en evitar que el divorcio se produzca, persuadiendo a los cónyuges del mantenimiento del vínculo conyugal. Al respecto, considera esta Sala que este tipo de afirmaciones en los actuales momentos merecen ser revisadas, pues las máximas de experiencia explican que no es el divorcio per se el que fragmenta la estabilidad de las familias, sino otros elementos de facto perturbadores que a la postre obligan a las parejas a decidir la disolución del vínculo que los une, a través del divorcio".

i. La decisión centra su dispositiva en el libre consentimiento como elemento que perfecciona y da validez al matrimonio; pero que también priva durante su existencia por lo que lo valoró de la misma forma, como esencial en la ruptura del vínculo matrimonial.

ii. Ante la realidad de una separación de hecho, la cual se contempla como causal de divorcio en el artículo 185-A del Código Civil, el juez que conoce de la solicitud, debe otorgar oportunidad para probar tal situación; y concluye la Sala Constitucional: "Resulta contrario al libre desenvolvimiento de la personalidad individual (artículo 20 constitucional), así como para el desarrollo integral de las personas (artículo 75 eiusdem), mantener un matrimonio desavenido, con las secuelas que ello deja tanto a los cónyuges como a las familias, lo que es contrario a la protección de la familia que debe el Estado (artículo 75 Ibíd)".[115]

iii. En pocas palabras, según el decir de la Sala Constitucional al asumir su jurisdicción normativa, al flexibilizar las causales de divorcio y, en consecuencia, al favorecer la disolución del vínculo matrimonial la administración de Justicia de Venezuela protege a la familia. Una muy original teoría.

3.4.4 En lo que corresponde al régimen de capitulaciones matrimoniales se produjo un cambio sustantivo mediante sentencia con carácter vinculante de la Sala Constitucional N° 652 de fecha 26 de noviembre de 2021, que invirtió el sistema tradicional, en forma por demás extraña, ya que el matrimonio, en lo que respecta a los bienes, se rige por el acuerdo de las partes y por la Ley, lo que podía derivar en

---

115 Ídem.

dos situaciones: a) El establecimiento de capitulaciones matrimoniales, las cuales deben realizarse antes del matrimonio; o b) La definición de una comunidad conyugal, si no se llegara a acuerdo previo, en aplicación del artículo 148 del Código Civil al disponer que "entre marido y mujer, si no hubiera convención en contrario son comunes de por mitad las ganancias o beneficios que se obtengan durante el matrimonio". Además, de acuerdo a la redacción del artículo 168 *eiusdem* tantas veces citado, se interpreta que el legislador ha querido establecer que cada cónyuge administra sus propios bienes adquiridos por su trabajo o industria, aunque sea de la comunidad de gananciales. Pero la Sala Constitucional, como se ha indicado, transformó el orden al establecer que los convenios entre los cónyuges podrían celebrarse válidamente antes y durante el matrimonio, por lo que debo citar parcialmente la parte dispositiva de la decisión:

5.- Se ESTABLECE CON CARÁCTER VINCULANTE LA INTERPRETACIÓN CONSTITUCIONALIZANTE de los artículos 148 y 149 del Código Civil, y establece que las Capitulaciones matrimoniales se celebrarán conforme a la libre y expresa autonomía de los cónyuges/partes de manera personal con plena capacidad legal para contratar o en caso de minoridad o inhabilitación aún en trámite, con la asistencia y aprobación de la persona cuyo consentimiento es necesario para la celebración del matrimonio, sean sus padres o su curador. De tal manera, que siendo las Capitulaciones matrimoniales el régimen patrimonial conyugal principal, las capitulaciones matrimoniales de los cónyuges podrán celebrarse válidamente antes y durante el matrimonio; y así también, podrán ser reformadas durante el matrimonio y aún dejarse sin efecto. En todo caso, nunca tendrán efectos retroactivos sino hacia el futuro, y entrarán en vigencia una vez registradas conforme lo establecido en los artículos 143 y siguientes del Código Civil, normativa que se ajustará a lo aquí decidido y que queda vigente en todo lo que no contradiga la presente decisión. En el caso de que la celebración y/o reforma de las Capitulaciones matrimoniales se haga en el exterior las mismas tendrán efectos en Venezuela una vez cumplidos los requisitos previstos en los artículos 143 y 145 del Código Civil.

Por su parte, los artículos 143 y 144 del Código Civil venezolano se interpretarán sin restricción admitiéndose la celebración de las Capitulaciones matrimoniales antes de la celebración del matrimonio; o posteriormente durante la vigencia del matrimonio, así como también serán válidas las reformas o modificaciones a las Capitulaciones matrimoniales, su sustitución y la reforma; todo ello a tenor de lo previsto en el artículo 77 de la Constitución de la República Bolivariana de Venezuela.

6.- Se ESTABLECE CON CARÁCTER VINCULANTE LA INTERPRETACIÓN CONSTITUCIONALIZANTE del artículo 767 del Código Civil regulatorio de la comunidad concubinaria en ausencia de matrimonio, en el sentido de que "En ausencia de las Capitulaciones patrimoniales admitidas en el concubinato por inexistencia o nulidad de las mismas, deberá presumirse la comunidad de bienes salvo prueba en contrario", todo ello a tenor de lo previsto en el artículo 77 de la Constitución de la República Bolivariana de Venezuela.

7.- Las MODIFICACIONES A LAS CAPITULACIONES MATRIMONIALES que a bien tengan hacer las partes, sea durante el matrimonio o durante la unión estable de hecho, podrán hacerse una vez transcurridos cinco (5) años desde la fecha de la última capitulación de bienes efectuada. Para la validez y antes del registro civil del documento contentivo de las modificaciones a las capitulaciones matrimoniales, las partes deberán previamente publicar dicho documento, por tres veces con intervalo de diez (10) días, en un periódico (versión digital e impresa) de circulación en el lugar donde esté constituido el domicilio conyugal, o en el lugar más cercano a éste. Para el caso de que no exista un periódico en dicha localidad, deberá publicarse en un periódico de circulación nacional (versión digital e impresa).[116]

3.4.5 El permitir modificación del régimen de comunidad al régimen de capitulaciones después de efectuado el matrimonio, inclusive la modificación de un régimen de capitulaciones previamente pactado, constituye un desconocimiento de la realidad intrafamiliar de la sociedad venezolana, en la que aun predomina la desigualdad y desequilibrio en las relaciones de la pareja. Adicionalmente, con esta decisión no se realiza una aplicación progresiva del Artículo 77 de la Constitución en la interpretación de los Artículos 148 y 149 del Código Civil; al contrario, la Sala Constitucional persiste, sin complejos, en el ejercicio de una función de creación normativa, modificando leyes vigentes. Una conducta recurrente, en multiplicidad de casos y escenarios, derivando en la absoluta neutralización

---

116   [s.S.C. N° 652-21] Sentencia N° 652 de fecha 26 de noviembre de 2021.

de las funciones de control y legiferante de la Asamblea Nacional como órgano único del Poder Legislativo.

4. Uniones estables de hecho.

4.1 El concubinato como especie de las uniones estables de hecho.

En los casos de las uniones estables de hecho, la Sala Constitucional del Tribunal Supremo de Justicia ha establecido una doctrina vinculante que ha transformado con criterio progresivo la regulación de las relaciones extramatrimoniales bajo la premisa que el término "unión estable entre el hombre y la mujer", a que se refiere el artículo 77 de la Constitución, constituye el género en las relaciones de hecho y que el concubinato es una de sus especies.[117] La utilización de uno u otro término responde a la intención del legislador, por ejemplo:

a) La protección de los intereses patrimoniales de la República, en la definición de los "Deberes Formales de los Contribuyentes, Responsables y Terceros", indicando como responsables "en el caso de sociedades conyugales, uniones estables de hecho entre un hombre y una mujer, sucesiones y fideicomisos, por sus representantes, administradores, albaceas, fiduciarios o personas que designen los componentes del grupo, y en su defecto por cualquiera de los interesados";[118]

---

117 [s.S.C. N° 1.682-05] Sentencia N° 1.682 de fecha 15 de julio de 2005.

118 Artículo 156.4 del Decreto Constituyente mediante el cual se dicta el Código Orgánico Tributario publicado en la Gaceta Oficial Extraordinaria N° 6.507 del 29 de enero de 2020 que derogó el Decreto con Rango, Valor y Fuerza de Ley del Código Orgánico Tributario publicado en la Gaceta Oficial N° 6.152 Extraordinario de 18 de noviembre de 2014; el cual, a su vez, había derogado al Código Orgánico Tributario, publicado en Gaceta Oficial N° 37.305 del 17 de octubre de 2001.

b) La protección de un interés general en el caso de la regulación en materia de seguros, reaseguros, medicina prepagada y administradoras de riesgos, en el marco de la cual se requiere que "la totalidad de los integrantes de la junta directiva o administradora deben estar domiciliados y residenciados en el país, y no podrán ser cónyuges o mantener uniones estables de hecho entre sí, o estar vinculados por parentesco dentro del segundo grado de afinidad o cuarto de consanguinidad, ni ejercer simultáneamente cargos directivos en otros sujetos regulados o en otras empresas del sistema financiero. La mitad o más deben ser venezolanos o venezolanas".[119]

c) Pero la normativa general también utiliza la expresión unión estable para ampliar el rango de relaciones a los efectos de la protección familiar tal como sucede con el artículo 118 de la Ley Orgánica de Registro Civil.[120] Esta norma es de especial relevancia, en lo que se refiere a la legitimación necesaria en los juicios de partición, por cuanto releva a las partes del previo proceso dirigido a la

---

[119] Artículo 13.5. de la Ley de Reforma del Decreto con Rango, Valor y Fuerza de Ley de la Actividad Aseguradora. Publicada en la Gaceta Oficial Extraordinaria N° 6.770 de fecha 29 de noviembre de 2023. http://historico.tsj.gob.ve/gaceta_ext/noviembre/29112023/E-29112023-6967.pdf#page=1

[120] Efectivamente, el artículo 118 reza textualmente: "La libre manifestación de voluntad efectuada entre un hombre y una mujer, declarada de manera conjunta, de mantener una unión estable de hecho, conforme a los requisitos establecidos en la ley, se registrará en el libro correspondiente, adquiriendo a partir de este momento plenos efectos jurídicos, sin menoscabo del reconocimiento de cualquier derecho anterior al registro". El artículo 119 de la Ley Orgánica de Registro Público igualmente preceptúa que "toda decisión judicial definitivamente firme que declare o reconozca la existencia de una unión estable de hecho, será insertada en el Registro Civil. Los jueces y juezas de la República Bolivariana de Venezuela deberán remitir copia certificada de la decisión judicial definitivamente firme a las Oficinas Municipales de Registro Civil, para su inserción en el libro correspondiente". Ley Orgánica de Registro Civil publicada en Gaceta Oficial N° 39.264 del 15 de septiembre de 2.009.

declaratoria judicial de la existencia de la unión estable de hecho, la cual también requiere registro de conformidad con el artículo 117.3 *eiusdem*.

d) Además, el valor de la previsión normativa se potencia tomando en consideración que no procede la mediación familiar ante los Tribunales de Protección de Niños, Niñas y Adolescentes en materia de "justificativos para perpetua memoria y demás diligencias dirigidas a la comprobación de algún hecho o algún derecho propios del interesado o interesada en ellas, siempre que en el otorgamiento de los mismos se encuentren relacionados derechos de niños, niñas y adolescentes".[121]

Como ya se ha indicado, la base normativa constitucional, en materia de uniones estables de hecho fue tempranamente desarrollada por la Sala Constitucional mediante el criterio interpretativo que emana de la importante sentencia con carácter vinculante, ya citada, en los siguientes términos:

El concubinato es un concepto jurídico, contemplado en el artículo 767 del Código Civil, y tiene como característica –que emana del propio Código Civil- el que se trata de una unión no matrimonial (en el sentido de que no se han llenado las formalidades legales del matrimonio) entre un hombre y una mujer solteros, la cual está signada por la permanencia de la vida en común (la soltería viene a resultar un elemento decisivo en la calificación del concubinato, tal como se desprende del artículo 767 de Código Civil y 7, letra a) de la Ley del Seguro Social).

Se trata de una situación fáctica que requiere de declaración judicial y que la califica el juez, tomando en cuenta las condiciones de lo que debe entenderse por una vida en común.

---

121 Artículo 35.12 de Ley sobre Procedimientos Especiales en Materia de Protección Familiar de Niños, Niñas y Adolescentes, publicada en la Gaceta Oficial N° 39.570 del 9 de diciembre de 2010.

Además de los derechos sobre los bienes comunes que nacen durante esa unión (artículo 767 eiusdem), el artículo 211 del Código Civil, entre otros, reconoce otros efectos jurídicos al concubinato, como sería la existencia de la presunción pater ist est para los hijos nacidos durante su vigencia.[122]

En cuanto a la referencia a la presunción *pater ist est* contenida en la anterior cita, me reservo comentario crítico para el momento en que se analicen los efectos de la decisión vinculante, lo cual realizaré infra. Ahora bien, La Sala Constitucional, al interpretar el artículo 77 constitucional, destaca el uso de la voz "unión estable" entre el hombre y la mujer y no el término concubinato utilizado en la misma Constitución en su artículo 49.5., explicando que "ello es así porque unión estable es el género, tal como se desprende del artículo 146 del Código Orgánico Tributario, o del artículo 13-5 de la Ley de Empresas de Seguros y Reaseguros, o del artículo 785 de la Ley de Cajas de Ahorro y Fondos de Ahorro, siendo el concubinato una de sus especies". (SIC)

De manera que el concubinato es un concepto jurídico, contemplado en el artículo 767 del C.C., caracterizado como unión no matrimonial entre hombre y mujer solteros, signada dicha unión por la permanencia de la vida en común que ha sido reconocida y calificada judicialmente:

> "Unión estable de hecho entre un hombre y una mujer", representa un concepto amplio que va a

---

122 [s.S.C. N° 1.682-05], ídem. Por su parte, la Sala de Casación Civil ha recogido e insistido el criterio sostenido en su sentencia N° 396 de fecha 17 de julio de 2023, sobre la conceptualización de unión estable de hecho o concubinato "como una relación monogamia entre un hombre y una mujer, que no tengan impedimentos para contraer matrimonio, de cuya unión deben de revestir caracteres de permanencia, responsabilidad, destinada a integrar una familia y en cuya unión se comprenden los deberes de cohabitación, socorro y respeto recíprocos, todo realizado dentro de la apariencia externa de una unión semejante a la del matrimonio", ratificada en Sentencia N° 161 del 4 de abril de 2024.

producir efectos jurídicos, independientemente de la contribución económica de cada uno de los unidos en el incremento o formación del patrimonio común o en el de uno de ellos, siendo lo relevante para la determinación de la unión estable, la cohabitación o vida en común, con carácter de permanencia, y que la pareja sea soltera, formada por divorciados o viudos entre sí o con solteros, sin que existan impedimentos dirimentes que impidan el matrimonio. Pero como, al contrario del matrimonio que se perfecciona mediante el acto matrimonial, recogido en la partida de matrimonio, no se tiene fecha cierta de cuándo comienza la unión estable, ella debe ser alegada por quien tenga interés en que se declare (parte o tercero) y probada sus características, tales como la permanencia o estabilidad en el tiempo, los signos exteriores de la existencia de la unión (lo que resulta similar a la prueba de la posesión de estado en cuanto a la fama y el trato, ya que la condición de la pareja como tal, debe ser reconocida por el grupo social donde se desenvuelve), así como la necesidad de que la relación sea excluyente de otra de iguales características, debido a la propia condición de la estabilidad. Si la unión estable se equipara al matrimonio, y la bigamia se encuentra prohibida, a juicio de esta Sala es imposible, para que ella produzca efectos jurídicos, la coexistencia de varias relaciones a la vez en igual plano, a menos que la Ley expresamente señale excepciones. Ahora bien, corresponde conforme al artículo 77 constitucional, a la reserva legal la regulación de las otras uniones estables diversas al concubinato y, por ello, le está a la Sala vedado, aun por la vía de la jurisdicción normativa, realizar la tipificación de estas otras uniones, y así se declara".[123]

---

[123] Cfr. s.S.C. N° 1.682-05.

4.2 Asimilación parcial del concubinato al régimen matrimonial.

El tema de la homologación de régimen regulatorio tiene una connotación constitucional en virtud de que el artículo 77 del Texto Fundamental establece que "las uniones estables entre un hombre y una mujer que cumplan los requisitos establecidos en la ley producirán los mismos efectos que el matrimonio"; y, como ya indiqué, la existencia de tal situación, origina derechos sobre los bienes comunes que nacen durante esa unión, tal como se concluye en el artículo 767 del Código Civil. En la doctrina vinculante de la Sala Constitucional, bajo análisis, se discriminan los diversos efectos que del matrimonio son aplicables a las "uniones estables de hecho entre hombre y mujer" dejando definidas las siguientes situaciones jurídicas:

4.2.1 Indeterminación de un presunto "Principio *pater ist est*".

En la lógica de la Sala Constitucional, establecida la situación de hecho por el reconocimiento expreso de los concubinos o por vía judicial,[124] se aplicaría el principio *pater ist est*. Considero que este es un grave fallo técnico de la decisión por cuanto el pretendido apotegma, aplicado por el sentenciador, es fragmentario y descontextualiza el criterio paulino quiritario contenido en el *libro quarto ad edictum* de Paulus, en cuanto a los llamados de la ley (*De in ius vocando*).[125]

---

124 Los requisitos para el reconocimiento de la relación concubinaria por vía judicial son: "a) La existencia de una unión de hecho entre dos personas solteras de diferente sexo; b) Que dicha unión sea pública y notoria, debiendo ser reconocidos los mismos como marido y mujer ante la sociedad; y c) Que esta unión debe ser estable, permanente y no casual, es decir que la misma debe ser concebida como matrimonial, sin la formalidad de su celebración como tal". Sentencia N° 161 del 4 de abril de 2024.

125 El Digesto contiene la famosa cita de Paulo: *Quia semper certa est, etiam si volgo conceperit: pater vero is est, quem nuptiae demonstrant*, **D.2.4.5.** *Paulus*

Lo expuesto anteriormente, expresado contradictoriamente por la Sala Constitucional, justifica el valor probatorio de la experticia hematológica y heredobiológica (denominada en sentido coloquial prueba de ADN), cambio que ha sido subrayado y justificado por su propia jurisprudencia, al afirmar que "los avances de la ciencia y de la tecnología han hecho que esta experticia sea cada vez más fidedigna e incuestionable, al tiempo que ha impuesto que se considere fundamental la práctica de la aludida prueba de ADN, la cual se concretiza a través de una experticia hematológica o heredo-biológica, cuando se discute la filiación biológica de una persona, siendo determinante dicho estudio para considerar a una persona descendiente (ascendiente) de otra".[126]

---

libro quarto ad edictum. Es decir, cierta siempre será la madre, pero el padre debe demostrar las nupcias para ser considerado como tal. La expresión *Pater ist est* de por sí no dice nada ya que, si de citas latinas se trata para reflejar didácticamente un punto, se ha debido utilizar el término: *Pater is est quem sanguinis demonstrat,* lo que se traduciría como "El padre es quien demuestra la filiación", más acorde con la técnica moderna que permite probar una relación parental y aplicar el principio de realidad genética en materia de filiación, lo que implicaría privilegiar la constatación biológica del hecho frente a una veracidad formal basada en presunciones.

126 La Sala Constitucional ha sostenido que "… dicha prueba, conocida como prueba de ADN, siglas que responden a Ácido Desoxirribonucleico, constituye en la actualidad la prueba principal y fundamental para el establecimiento de la filiación, no obstante tratarse de un procedimiento judicial para el cual la Ley permite expresamente todo género de pruebas; se trata de una experticia científica muy sencilla, con un amplísimo margen de certeza para determinar o establecer la filiación de una persona con respecto a otra o descartar tal. La misma se encuentra disciplinada en nuestro ordenamiento como una prueba determinativa de la filiación, en el Código Civil (artículo 210), y, más recientemente, en la Ley para Protección de las Familias, la Maternidad y la Paternidad (artículo 27 y ss.). Antiguamente, cuando no existía o era excepcional su práctica, uno de los elementos fundamentales para determinar la filiación de una persona era la posesión de estado. Del mismo modo, en otra época dicha prueba era valorada como una prueba que descartaba o excluía porcentualmente la paternidad". [s.S.C. N° 1.235-12] Sentencia N° 1.235 de fecha 14 de agosto de 2012.

Lo cierto del caso es que la Sentencia *in comento* permite la determinación de la filiación paterna de aquellos nacidos durante el término de duración de la relación estable, en forma similar a lo previsto en el artículo 201 del Código Civil.[127] Sin embargo, la perfecta asimilación matrimonio-concubinato rompe la sistematicidad del propio texto legal que contiene reglas expresas sobre los hijos nacidos producto de una unión extraconyugal.[128]

Lo que me permite concluir que no puede plantearse una perfecta equiparación de los efectos de la unión matrimonial en las uniones de hecho, máxime si se trata de parámetros que implican otros escenarios probatorios relacionados con la estabilidad de la relación, en el sentido de que no existe, a diferencia del

---

127 La norma referida reza textualmente: "El marido se tiene como padre del hijo nacido durante el matrimonio o dentro de los trescientos (300) días siguientes a su disolución o anulación. Sin embargo, el marido puede desconocer al hijo, probando en juicio que le ha sido físicamente imposible tener acceso a su mujer durante el período de la concepción de aquél, o que en ese mismo período vivía separado de ella".

128 En efecto, el artículo 211 del Código Civil determina que "se presume, salvo prueba en contrario, que el hombre que vivía con la mujer en concubinato notorio para la fecha en que tuvo lugar el nacimiento del hijo, ha cohabitado con ella durante el período de la concepción". Además, el artículo 209 *eiusdem* determina que "la filiación paterna de los hijos concebidos y nacidos fuera del matrimonio se establece legalmente por declaración voluntaria del padre, o después de su muerte, por sus ascendientes, en los términos previstos en el artículo 230"; mientras el artículo 210 del mismo Texto define que "a falta de reconocimiento voluntario, la filiación del hijo concebido y nacido fuera del matrimonio puede ser establecida judicialmente con todo género de pruebas, incluidos los exámenes o las experticias hematológicas y heredo-biológicas que hayan sido consentidos por el demandado. La negativa de éste a someterse a dichas pruebas se considerará como una presunción en su contra. Queda establecida la paternidad cuando se prueba la posesión de estado de hijo o se demuestre la cohabitación del padre y de la madre durante el período de la concepción y la identidad del hijo con el concebido en dicho período, salvo que la madre haya tenido relaciones sexuales con otros hombres, durante el período de la concepción del hijo o haya practicado la prostitución durante, el mismo período; pero esto no impide al hijo la prueba, por otros medios, de la paternidad que demanda".

matrimonio, un domicilio concubinario definido a manera del domicilio conyugal; entonces, "para la Sala, el que la unión estable en general produzca los mismos efectos que el matrimonio, no significa –se repite- que ella se convierte en matrimonio, sino que se le equipara; es decir, en lo que sea posible".[129]

4.2.2 Sobre el criterio de parcialidad en los efectos.

Este criterio de parcialidad en los efectos fue definido discrecionalmente por la Sala Constitucional, comenzando por aclarar que "los deberes que el artículo 137 del Código Civil impone a los cónyuges y cuya violación se convierte en causales de divorcio (ver en el artículo 185 del Código Civil los ordinales 1° y 2°), no existen en el concubinato ni en las otras uniones".[130] En el razonamiento contenido en la sentencia, la clave está en que la unión estable no requiere convivencia permanente bajo un mismo techo sino, tan solo, la existencia de una pareja que hace vida en común con apariencia de un matrimonio; de manera que, si no existe el deber de vivir juntos, menos aún el deber de fidelidad que consagra el artículo 137 del Código Civil.

Diferente consideración y conclusión sostiene con el deber de socorro mutuo, marcado su pronunciamiento por un apoyo jurisprudencial al goce de derechos como los alimentarios. Pero nuevamente aplica el sentenciador su criterio selectivo, en cuanto a los efectos de las uniones estables de hecho, al bloquear la asimilación del derecho optativo de la mujer casada de utilizar el apellido de su marido

---

129 En la decisión vinculante, tantas veces citada, se acoge un criterio totalmente discrecional para definir la estabilidad de la unión al acoger el criterio de la Ley del Seguro Social: "Siguiendo indicadores que nacen de las propias leyes, el tiempo de duración de la unión, al menos de dos años mínimo, podrá ayudar al juez para la calificación de la permanencia, ya que ese fue el término contemplado por el artículo 33 de la Ley del Seguro Social, al regular el derecho de la concubina a la pensión de sobrevivencia", en s.S.C. N° 1.682-05, ibídem.

130 s.S.C. N° 1.682-05, ídem.

previsto en el artículo 173 del Código Civil, en lo que se refiere a la concubina, bajo el argumento tautológico de que "utilización de apellidos distintos al propio, como sería para la mujer el del marido, es un derecho que le nace solamente del acto matrimonial, que conlleva a que añada algo a su identidad, y que se ve sostenido por el acta de matrimonio que refleja un nuevo estado civil".[131] Y me pregunto, ¿no es acaso el registro de la libre manifestación de voluntad de mantener una unión estable de hecho un acto de reconocimiento de derechos que perfectamente puede incluir el de utilizar el apellido de la pareja, si así lo convinieran ambos?

La Sala Constitucional, tan creativa a la hora de asumir su "jurisdicción normativa" e, inclusive, invadir la reserva legal, se muestra timorata en esta decisión; y ha sido, tal criterio, de un simplismo peculiar ya que el estado civil surge de la formal manifestación de voluntad contenida en actas del estado civil.[132] La consecuencia directa es que la violación de deberes como el de fidelidad o de vida en común (artículo 137 citado) no produce efectos jurídicos; y se añade que la relación concubinaria finaliza al contraer uno de los miembros de la pareja matrimonio con otra persona o por cualquier otra razón.

Sin embargo, resulta arcana la motivación para agregar especialmente la posibilidad de "repudio" que puede hacer cualquiera de los concubinos para concretar una ruptura del vínculo. Una gratuita expresión esta de repudio que podría denotar la posibilidad de suscribir un acta en el registro civil que describiera las causas de tal decisión.

---

131 s.S.C. N° 1.682-05, ídem.

132 El argumento es bufo para un órgano judicial que se dice último intérprete de la Constitucional y que ha ejercido su potestad de sentar criterios vinculantes con gran generosidad: "No existe, en estos momentos y para esta fecha, una partida del estado civil de concubinato, u otro tipo de unión, que otorgue el estado de concubino o unido y, por tanto, los símbolos que representan el estado civil, como el uso del apellido del marido por la mujer; a juicio de la Sala, no puede ser utilizado por quien no ha contraído matrimonio". s.S.C. N° 1.682-05, ídem.

4.2.3 Referencia al régimen patrimonial.

En cuanto al régimen patrimonial se ratifica el criterio legal de aplicación del mismo régimen de comunidad en los bienes adquiridos durante el tiempo de existencia de la unión matrimonial aplicado analogicamente a las uniones de hecho. Además, reconoce los beneficios económicos que, como resultado de la unión, extiende la legislación; citando expresamente la posibilidad de pensión de sobrevivencia en el campo privado y del funcionarial, los beneficios de la seguridad social, el derecho a reclamar las indemnizaciones que corresponderán a la pareja fallecida, el acceso a préstamos hipotecarios a largo plazo y la obtención de vivienda mediante los mecanismos de fomento social del Estado; y, en general, los beneficios económicos que surgen del patrimonio de los concubinos que no se limitan a las leyes citadas en la sentencia sino que incluyen todo lo que pueda conformar el patrimonio común.

4.2.4 Sobre las medidas de protección procedentes.

Se declaran inaplicables los artículos 191 y 192 del Código Civil a pesar de que se habilita al juez para dictar medidas preventivas necesarias para el mantenimiento de los hijos y la preservación de bienes comunes, en los procesos dirigidos a la declaración de existencia del concubinato o la unión estable; igualmente, quien demanda la disolución y liquidación de la comunidad concubinaria, podrá pedir al juez que se dicten las providencias del artículo 174 del Código Civil.[133]

---

133 El contenido de los artículos 174 y 191 ya ha sido reseñado, por su parte el artículo 192 del Código Civil reza textualmente: "Cuando el divorcio o la separación de cuerpos se haya fundamentado en alguna de las causales previstas en los ordinales 4º, 5º y 6º del artículo 185, el cónyuge que haya incurrido en ellas quedará privado de la patria potestad sobre sus hijos menores. En este caso la patria potestad será ejercida exclusivamente por el otro progenitor. Si éste se encontrara impedido para ejercerla, o ha sido privado a su vez de la patria

Sin embargo, en cuanto a la aplicación del citado artículo 192, cabe advertir la vigencia de un sistema de protección más efectivo que desarrollan los Consejos de Protección del Niño, Niña y Adolescente en situaciones que amenacen o vulneren los derechos de estos, con competencia para ordenar medidas que son mandatos de obligatorio cumplimiento, lo que implica que los infractores pueden ser sancionados en el marco de un proceso judicial que demuestre su omisión. Esto también supone la posibilidad de actuaciones del Ministerio Público cuando los menores son víctimas o existe amenaza de violación a sus derechos.

La Sala desarrolla que los artículos 191 y 192 del Código Civil resultan inaplicables al no existir "una acción de separación de cuerpos del concubinato y menos una de divorcio", por tratarse la ruptura de la unión una situación de hecho que puede ocurrir en cualquier momento en forma unilateral, pero añade: "Sin embargo, en los procesos tendientes a que se reconozca el concubinato o la unión estable, se podrán dictar las medidas preventivas necesarias para la preservación de los hijos y bienes comunes".

Ahora bien, reconocida la existencia de la unión de hecho, hay comunidad entre los concubinos y, en consecuencia, surge una inmediata interrogante: ¿existiría la obligación de rendir cuentas

---

potestad, el Juez abrirá la tutela. En los demás casos, la sentencia de divorcio o de separación de cuerpos no produce la privación de la patria potestad. El Juez, en la sentencia de divorcio o de separación de cuerpos, decidirá en interés del menor, la atribución de la guarda a uno de los progenitores, en el lugar donde éste fije su residencia, pudiendo también confiarlas a terceras personas aptas para ejercerla. La guarda de los hijos menores de siete (7) años será ejercida por la madre, salvo que por graves motivos, el Juez competente tome otra providencia. El cónyuge a quien no se ha atribuido la guarda, conserva las demás facultades inherentes a la patria potestad y las ejercerá conjuntamente con el otro. El Juez determinará, en la sentencia definitiva el régimen de visitas para el progenitor a quien no se haya atribuido la guarda o la patria potestad, así como también el monto de la pensión alimentaria que el mismo progenitor deberá suministrar a los menores y hará asegurar su pago con las medidas que estime convenientes entre las previstas por la Ley".

por parte de quien administre los bienes comunes?; o ¿se excluye este proceso especial con la aplicación de los mecanismos protectivos típicos del matrimonio a los que se hiciera anterior referencia? Al no existir perfecta equiparación considero procedente la posibilidad de la rendición de cuentas en el caso de la disolución de la unión estable de hecho.

En efecto, se presume la comunidad, salvo prueba en contrario, en aquellos casos de unión no matrimonial cuando, la mujer o el hombre en su caso, demuestre que ha vivido permanentemente en tal estado, aunque los bienes cuya comunidad se quiere establecer aparezcan a nombre de uno solo de ellos. La excepción a tal presunción se da en el supuesto de que uno de ellos estuviera casado, ya que no puede reconocerse la existencia de comunidad concubinaria paralelamente a la de una comunidad conyugal. Esto es así aun en el evento de que se haya suscrito un convenio relativo a la existencia de la comunidad concubinaria, registrado de acuerdo con la normativa del artículo 118 de la Ley Orgánica de Registro Civil, por cuanto constituiría una declaración de voluntad ilícita y, por tal circunstancia, carecería de toda eficacia.

4.2.5 Acciones de terceros en defensa de sus propios intereses.

La Sala Constitucional acepta la posibilidad de una acción incoada por un tercero extraño a la unión estable o concubinato, dirigida a la declaratoria judicial de la unión, en los casos en que esos terceros puedan cobrar sus acreencias contra la comunidad de los bienes existentes y afirma que "para ello tendrán que alegar y probar la comunidad, demandando a ambos concubinos o sus herederos". Esta entreverada acción, algo alejada de parámetros de economía procesal y de estrategia judicial, la justifican con un criterio muy particular:

No existiendo mecanismos de publicidad que comuniquen la existencia del concubinato, ni que registren las sentencias que lo declaren, para los terceros con interés en los bienes comunes, resulta –la mayoría de las veces- imposible conocer previamente la existencia del concubinato y cuáles son esos bienes comunes; motivo por el cual la Sala considera que exigir la aplicación del artículo 168 del Código Civil resultaría contrario al principio de que a nadie puede pedírsele lo imposible. Al no conocer la existencia de concubinato, ni estar los concubinos obligados a declarar tal condición, en las demandas que involucren los bienes comunes bastará demandar a aquel que aparezca como dueño de ellos e, igualmente, este legítimamente podrá incoar las acciones contra los terceros relativos a los bienes comunes, a menos que la propiedad sobre ellos esté documentada a favor de ambos.

¿Al aparecer el artículo 77 constitucional, surgen cambios profundos en el régimen concubinario del artículo 767 del Código Civil, ya que existiendo la unión estable o permanente, no hay necesidad de presumir, legalmente, comunidad alguna, ya que ésta existe de pleno derecho –si hay bienes- con respecto de lo adquirido, al igual que en el matrimonio, durante el tiempo que duró la unión y, como comunidad, no es que surte efectos legales entre ellos dos y entre sus respectivos herederos, o entre uno de ellos y los herederos del otro, como lo contempla el artículo 767 del Código Civil, sino que, al igual que los bienes a que se refiere el artículo 168 del Código Civil, los terceros que tengan acreencias contra la comunidad podrán cobrarse de los bienes comunes, tal como lo pauta dicha norma. Ahora bien, declarado judicialmente el concubinato, cualquiera de los concubinos, en defensa de sus intereses, puede incoar la acción prevenida en el artículo 171 del Código Civil en beneficio de los bienes comunes y obtener la preservación de los mismos mediante las providencias que decrete el juez.[134]

La Sala Constitucional, en la temprana sentencia bajo análisis, se pronunció negativamente sobre la posibilidad de que que los concubinos o personas unidas pacten un régimen patrimonial distinto al de la comunidad de bienes, similar a las capitulaciones matrimoniales bajo el argumento de que "...ello es imposible, porque la esencia del concubinato o de la unión estable no viene dada –como en el matrimonio- por un documento que crea el vínculo, como lo es el acta de matrimonio, sino por la unión permanente (estable) entre el hombre y la mujer, lo que requiere un transcurso de tiempo (que ponderará el juez), el cual es el que califica la estabilidad de la unión; y siendo ello así, a priori no puede existir una declaración registrada de las partes constitutivas de la unión, en el sentido de cómo manejarán los bienes que se obtengan durante ella".[135] Ahora bien, ante el cambio jurisprudencial de la misma Sala en materia de capitulaciones matrimoniales, anteriormente referido, lo que fue negado en un primer momento resulta plausible en la actualidad.

4.2.6 Concubinato Putativo.

La Sentencia de la Sala Constitucional in comento, base de la doctrina constitucionalizante de las uniones de hecho, refiere expresamente que ante el desconocimiento o ignorancia que tenga uno de los convivientes del estado civil del otro, el conviviente o concubino de buena fe, goza de los mismos beneficios que concede el matrimonio putativo, ya que uno de los convivientes pudiera desconocer la condición de casado del otro. Se admite

---

134 s.S.C. N° 1.682-05, *ibidem*.

135 Ídem.

así la posibilidad de que, en el caso de uno de los concubinos desconozca la condición de casado del otro, el concubino de buena fe pueda beneficiarse de la aplicación de las normas sobre el matrimonio putativo aplicables a los bienes. Bajo la premisa de esta aceptación, la Sala de Casación Social también ha definido su propia doctrina:

> "Por tanto, debe concluirse, que sí es factible que existan uniones estables de hecho o concubinatos putativos que se formaron o nacieron entre una mujer y un hombre, que si bien uno de ellos era casado, el otro lo desconocía, es decir, se unió establemente a dicha persona actuando de buena fe y, en ese sentido, es necesario advertir, que de conformidad con lo dispuesto en el artículo 127 del Código Civil antes transcrito, la unión estable putativa o el concubinato putativo, resulta válido y surte efectos hacia el pasado, "ex tunc", desde que comenzó, o desde que quedó demostrado que se inició la unión estable o concubinato, hasta el momento que se produce la sentencia en la cual se declara su existencia y, dicha sentencia adquiera el carácter de sentencia definitivamente firme (...) Así tenemos que, lo que distingue en la determinación de la unión estable de hecho, es la cohabitación o vida en común, con carácter de permanencia, y que la pareja sea soltera, formada por divorciados o viudos entre sí o con solteros; sin que existan impedimentos dirimentes que impidan el matrimonio.
>
> En tal sentido, la existencia de la unión estable de hecho se formará mediante una declaración judicial dictada en un proceso con ese fin, el cual dependerá de la comprobación de elementos indispensables para calificar una relación como una unión estable de hecho en la modalidad de concubinato, la cual está

signada por la permanencia de la vida en común, que tal y como fue interpretado por la Sala Constitucional, resulta identificada por actos que hacen presumir a terceras personas que se está ante una pareja, que actúan con apariencia de un matrimonio o, al menos, de una relación seria y compenetrada."[136]

4.2.7 Aceptación de la Vocación Hereditaria y otras consecuencias económicas en beneficio del concubino.

La equiparación parcial entre la institución matrimonial y el concubinato deriva en varios reconocimientos de especial importancia:

A. Derechos sucesorales.

Entre los concubinos existen derechos sucesorales de conformidad con el artículo 823 del Código Civil, siempre que el deceso de uno de ellos ocurra durante la existencia de la unión. Una vez haya cesado, la situación es igual a la de los cónyuges separados de cuerpos o divorciados.[137] Pero es que también se declaran aplicables al concubinato los artículos 810, 824, 825 y 883 del Código Civil:

Artículo 810. Son Incapaces de suceder como indignos:
1. El que voluntariamente haya perpetrado o intentado perpetrar un delito, así como sus cómplices, que merezca cuando menos pena de prisión que exceda de

---

136 [s.S.C.S. N° 495-17] Sentencia N° 495 de fecha 12 de junio de 2017.

137 El artículo 823 CC reza textualmente: "El matrimonio crea derechos sucesorios para el cónyuge de la persona de cuya sucesión se trate. Estos derechos cesan con la separación de cuerpos y de bienes sea por mutuo consentimiento, sea contenciosa, salvo prueba, en ambos casos, de reconciliación".

seis meses, en la persona de cuya sucesión se trate, en la de su cónyuge, descendiente, ascendiente o hermano.

2. El declarado en juicio adúltero con el cónyuge de la persona de cuya sucesión se trate.

3. Los parientes a quienes incumba la obligación de prestar alimentos a la persona de cuya sucesión se trate y se hubieren negado a satisfacerla, no obstante haber tenido medios para ello.

Artículo 824. El viudo o la viuda concurre con los descendientes cuya filiación esté legalmente comprobada, tomando una parte igual a la de un hijo.

Artículo 825. La herencia de toda persona que falleciere sin dejar hijos o descendientes cuya filiación esté legalmente comprobada, se defiere conforme a las siguientes reglas:

Habiendo ascendientes y cónyuge, corresponde la mitad de la herencia a aquéllos y a éste la otra mitad. No habiendo cónyuge la herencia corresponde íntegramente a los ascendientes.

A falta de ascendientes, corresponde la mitad de la herencia al cónyuge y la otra mitad a los hermanos y por derecho de representación a los sobrinos.

A falta de estos hermanos y sobrinos, la herencia corresponde íntegramente al cónyuge y si faltare éste corresponde a los hermanos y sobrinos expresados.

A falta de cónyuge, ascendientes, hermanos y sobrinos, sucederán al de cujus sus otros colaterales consanguíneos.

Artículo 883. La legítima es una cuota de la herencia que se debe en plena propiedad a los descendientes, a los ascendientes y al cónyuge sobreviviente que no esté separado legalmente de bienes, con arreglo a los artículos siguientes.

El testador no puede someter la legítima a ninguna carga ni condición.

B. Derecho a Alimentos.

La doctrina vinculante de la Sala Constitucional expande la equiparación al derecho a exigir alimentos mientras exista la unión, razón por la cual cada uno podrá exigir alimentos al otro partícipe, a menos que carezca de recursos o bienes propios para suministrarlos, caso en que podrá exigirlos a las personas señaladas en el artículo 285 del Código Civil. Asimismo, llega al extremo de prever expresamente que el concubino del ausente podría obtener una pensión alimenticia, la cual sería determinada por la condición de la familia y la cuantía del patrimonio del ausente. Esto salvaguardando los convenios entre concubinos y los eventuales derechos sucesorales.

La conclusión final, luego del pormenorizado recuento jurisprudencial, es que no se puede arribar a una conclusión general de equiparación entre concubinato, menos aún las uniones estables de hecho, con el matrimonio, dada la compleja red de relaciones humanas y la dispersión normativa;[138] por ejemplo, en la temática

---

138 Criterio expuesto por la Sala de Casación Social en estos términos: "Considera la Sala que, para reclamar los posibles efectos civiles del matrimonio, es necesario que la "unión estable" haya sido declarada conforme a la ley, por lo que se requiere una sentencia definitivamente firme que la reconozca. En la actualidad, es necesaria una declaración judicial de la unión estable o del concubinato; dictada en un proceso con ese fin; la cual contenga la duración del mismo, lo que facilita, en caso del concubinato, la aplicación del artículo 211 del Código Civil, ya que la concepción de un hijo durante la existencia del mismo, hace presumir que el concubino es el padre del hijo o hija, por lo que la sentencia declarativa del concubinato debe señalar la fecha de su inicio y de su fin, si fuera el caso; y reconocer, igualmente, la duración de la unión, cuando ella se ha roto y luego se ha reconstituido, computando para la determinación final, el tiempo transcurrido desde la fecha de su inicio. Ahora bien, el matrimonio –por su carácter formal- es una institución que nace y se prueba de manera distinta al concubinato o a cualquier otra unión estable, y por ello estas últimas no pueden equipararse íntegramente al matrimonio y, por tanto, no puede pretenderse que, automáticamente, todos los efectos del matrimonio se apliquen a las "uniones

de la protección de niños y adolescentes, la regulación especial que regula los procedimientos, excluye de conciliación ante los Consejos de Protección de Niños, Niñas y Adolescentes aquellas materias sobre las cuales no tienen competencia para dictar medidas de protección y expresamente señala las "autorizaciones sobre administración de bienes de niños, niñas y adolescentes y demás asuntos patrimoniales";[139] además, tampoco procede la mediación familiar ante los Tribunales de Protección de Niños, Niñas y Adolescentes en materia de "homologación de acuerdos de liquidación y partición de la comunidad conyugal o de uniones estables de hecho, cuando haya niños, niñas y adolescentes".[140]

5. Situación especial de la disolución de las sociedades, los contratos de colaboración empresarial (Consorcio) y las sociedades de hecho.

Una hipótesis que no puedo dejar de mencionar, al menos someramente, es la que deriva de la disolución de las compañías de comercio, las sociedades civiles y otras formulas societarias admisibles en el derecho venezolano; una problemática enfocada en la eventualidad de la inejecución del proceso de liquidación subsiguiente, o la pervivencia de un giro adelantado por los administradores o socios de la sociedad extinta, lo que puede derivar en una situación de comunidad mientras persista esta situación irregular.

---

estables". En consecuencia, no es posible una declaración general que asimile las uniones (de cualquier tipo) al matrimonio, y, por lo tanto, observa la Sala, hay que distinguir cuáles efectos del matrimonio se aplican al concubinato y a las posibles otras uniones estables". [s.S.C.S. N° 132-24] Sentencia N° 132 del 2 de mayo de 2024.

139 Artículo 28.5 de la Ley sobre Procedimientos Especiales en Materia de Protección Familiar de Niños, Niñas y Adolescentes, Ibid.

140 Artículo 35.9, Idem.

5.1 El caso de las sociedades mercantiles y su disolución.

En el ámbito mercantil, concluida o disuelta la compañía,[141] opera el principio de que los administradores no pueden hacer nuevas operaciones, quedando limitadas sus facultades, mientras se provee a la liquidación, a cobrar los créditos de la sociedad, extinguir las obligaciones anteriormente contraídas y realizar las operaciones que se hallen pendientes. Las reglas de la liquidación de las sociedades mercantiles están determinadas en el artículo 348 del Código de Comercio que establece textualmente:

> Si en el contrato social no se ha determinado el modo de hacer la liquidación y división de los haberes sociales, se observarán las reglas siguientes:
>
> En las compañías en nombre colectivo y en comandita simple, no habiendo contradicción por parte de ningún socio, continuarán encargados de la liquidación los

---

141 El Código de Comercio, publicado en Gaceta Oficial N° 472 Extraordinario del 21 de diciembre de 1955 prevé en su artículo 340 que "las compañías de comercio se disuelven: 1° Por la expiración del término establecido para su duración. 2° Por la falta o cesación del objeto de la sociedad o por la imposibilidad de conseguirlo. 3° Por el cumplimiento de ese objeto. 4° Por la quiebra de la sociedad, aunque se celebre convenio. 5° Por la pérdida entera del capital o por la parcial a que se refiere el artículo 264 cuando los socios no resuelven reintegrarlo o limitarlo al existente. 6° Por la decisión de los socios. 7° Por la incorporación a otra sociedad". Aparte de esta normativa general de disolución, se establecen criterios particulares de acuerdo con el tipo de sociedad, tal como lo establece el artículo 341 *eiusdem*: "La sociedad en nombre colectivo se disuelve por la muerte, interdicción, inhabilitación o quiebra de uno de los socios, si no hay convención en contrario. La sociedad en comandita se disuelve, si no hay convención en contrario por la muerte, quiebra, interdicción o inhabilitación de los socios solidarios o de alguno de ellos. La disolución de las sociedades en comandita por acciones no tiene lugar si el socio muerto, quebrado, inhabilitado o entredicho, ha sido subrogado con arreglo al artículo 241. Salvo convención en contrario, la sociedad de responsabilidad limitada no se disuelve por la muerte, interdicción o quiebra de uno de los socios, ni por la remoción de los administradores. La sociedad anónima y la sociedad de responsabilidad limitada no se disuelven por haber adquirido uno de los socios todas las acciones o cuotas de la sociedad".

que hubieren tenido la administración de la sociedad; pero si lo exigiere cualquier socio, se nombrará a pluralidad de votos, uno o más liquidadores, de dentro o fuera de la compañía, para lo cual se formará junta de todos los socios, convocando a ella los ausentes, con tiempo suficiente para que puedan concurrir por sí o por apoderado. En la misma junta se acordarán las facultades que se dan a los liquidadores. Si en la votación no se obtuviere mayoría relativa, dirimirá el juez de Comercio, quien, en caso de elección, deberá hacerla entre los que hubieren tenido más votos en la junta de socios.

En las compañías en comandita por acciones y anónimas, el nombramiento de los liquidadores se hará por la asamblea que resuelva la liquidación.

El nombramiento y los poderes de los liquidadores se registrarán en el Tribunal de Comercio de la jurisdicción.

Sobre las facultades de los liquidadores, a diferencia de las sociedades civiles, de no existir regulación expresa en los estatutos sociales de la compañía, los liquidadores no podrán ejecutar otros actos y contratos que los que tiendan directamente a la ejecución de la liquidación. A pesar de la remisión a las disposiciones del Código Civil sobre mandato, en materia mercantil, el artículo 350 del Código de Comercio establece la obligación de rendición de cuentas en los siguientes términos:

En todo caso los liquidadores están obligados:

1.- A formar inventario, al tomar posesión de su encargo, de todas las existencias, créditos y deudas de cualquier naturaleza que sean; y a recibir libros, correspondencia y papeles de la sociedad.

2.- A continuar y concluir las operaciones que estuvieren pendientes al tiempo de la disolución.

3.- A exigir la cuenta de su administración a los administradores y a cualquier otro que haya manejado intereses de la sociedad.

4.- A liquidar y cancelar las cuentas de la sociedad con los terceros y con cada uno de los socios, pero no se podrán pagar a éstos ninguna suma sobre las cuotas que puedan corresponderles mientras no estén pagados los acreedores de la sociedad.

5.- A cobrar los créditos activos, percibir su importe, y otorgar los correspondientes finiquitos.

6.- A vender las mercancías y demás bienes muebles e inmuebles de la sociedad, aun cuando haya menores entredichos o inhabilitados entre los interesados, sin sujetarse a las formalidades prescritas en el Código Civil respecto a éstos.

7.- A presentar estados de la liquidación, cuando los socios lo exijan.

8.- A rendir al fin de la liquidación, cuenta general de su administración.

Si el liquidador fuere el mismo administrador de la sociedad extinguida, deberá presentar en la misma época cuenta de su gestión.

Adicionalmente, existe normativa especial para la liquidación en ciertos sectores de especial relevancia como seguros y banca,[142]

---

142 En el área bancaria el esquema de liquidación previsto en el **Decreto N° 1.402**, publicado en la Gaceta Oficial N° 40.557 de fecha 8 de diciembre de 2014, mediante el cual se dicta el **Decreto con Rango, Valor y Fuerza de Ley de Instituciones del Sector Bancario** (Se reimprimió por fallas en los originales

también para las empresas objeto de intervención por parte del Estado; así como un régimen jurídico de liquidación especial para las personas jurídicas de derecho público, razón por la que no se puede plantear un esquema uniforme de disolución, liquidación o rendición de cuentas en materia de sociedades mercantiles, pertenezcan al sector público o privado.[143]

---

ya que fue originariamente publicado en la Gaceta Oficial Extraordinaria N° 6.154 de fecha 19 de noviembre de 2014). En cuanto al área de seguros existe regulaciones en la **Ley de Reforma del Decreto con Rango, Valor y Fuerza de Ley de la Actividad Aseguradora**, publicada en la Gaceta Oficial Extraordinaria N° 6.770 de fecha 29 de noviembre de 2023; la cual derogó el **Decreto N° 2.178, mediante el cual se dicta el Decreto con Rango, Valor y Fuerza de Ley de la Actividad Aseguradora**, publicado en la Gaceta Oficial Extraordinaria N° 6.220 de 15 de marzo de 2016 (Se reimprimió por fallas en los originales, ya que originariamente había sido publicado en la Gaceta Oficial Extraordinaria N° 6.211 de fecha 30 de diciembre de 2015). Además, la Superintendencia de la Actividad Aseguradora dictó la **Resolución N°003-2021 de fecha 18 de enero de 2021**, contentiva de las **normas para regular la intervención, revocación, disolución y liquidación de los sujetos regulados**, publicada en la Gaceta Oficial N° 42.049 de fecha 18 de enero de 2021. Igualmente, puedo citar **la Providencia Administrativa N° 082 de fecha 13 de julio de 2011**, mediante el cual se dictan las **Normas para la Liquidación de Instituciones del Sector Bancario y Personas Jurídicas Vinculadas**, publicada en la Gaceta Oficial de la República Bolivariana de Venezuela N° 39.741 de fecha 23 de agosto de 2011, las cuales derogaron las previas que habían sido publicadas la Gaceta Oficial N° 39602 de fecha 26 de enero de 2011.

143 Solo para ejemplificar con esquemas de intervención pública o liquidación, podría citar el régimen Contenido en el **Decreto N° 1.347**, mediante el cual se dicta el **Decreto con Rango, Valor y Fuerza de Ley de Supresión y Liquidación del Instituto Nacional de la Vivienda**, publicado en la Gaceta Oficial N° 40.526 de fecha 24 de octubre de 2014; el **Decreto N° 422 con Rango Valor y Fuerza de Ley que Suprime y Liquida en Instituto Nacional de Hipódromos y regula actividades Hípicas** de fecha 25 de octubre de 1999, publicado en la Gaceta Oficial N° 5.397, mediante el cual se ordena la supresión y liquidación del Instituto Nacional de Hipódromos y se crea la Junta Liquidadora del Instituto Nacional de Hipódromos; el **Decreto N° 6.216, con Rango, Valor y Fuerza de Ley de Supresión y Liquidación del Fondo de Crédito Industrial (FONCREI)**, publicado en la Gaceta Oficial N° 5.890 Extraordinario de 31 de julio de 2008; la **Ley Especial de Supresión y Liquidación del Instituto Autónomo Corporación para la**

Se presenta el caso especial sobre la legitimación activa en la exigencia de responsabilidad a los administradores, ¿quién tendría la legitimación y bajo que mecanismo se definiría la decisión de actuar? Una problemática que se compadece con la temática de la nulidad de las asambleas y la capacidad de accionar en tal caso. En cuanto a la primera interrogante, la legitimación para accionar la rendición de cuentas debe estar fundamentada en una decisión de la asamblea de accionistas de la sociedad afectada y no en cabeza de los accionistas de las mismas, en forma personal e individual. Es el interés económico de la sociedad el que se afecta en forma directa, razón por la cual se requiere una deliberación y una decisión válida de la Asamblea que será ejecutada por los comisarios o las personas especialmente designadas al efecto. En este sentido, el artículo 310 del Código de Comercio establece expresamente:

> La acción contra los administradores por hechos que sean responsables compete a la asamblea, que la ejerce por medio de los comisarios o de personas que nombre especialmente al efecto. Todo accionista tiene, sin embargo, el derecho de denunciar a los comisarios los hechos de los administradores que crea censurables, y los comisarios deben hacer constar que han recibido la denuncia, en su informe a la asamblea. Cuando la denuncia sea hecha por un número de socios que represente por lo menos la décima parte del capital social, deben los comisarios informar sobre los hechos denunciados. La representación del décimo se comprueba con el depósito de las acciones por los mismos comisarios, u otra persona notoriamente abonada a juicio de los comisarios. Las acciones per-

Recuperación y Desarrollo del estado Vargas (CORPOVARGAS), publicada en la Gaceta Oficial N°39358 de fecha 1°de febrero de 2010; o la Ley Especial de Supresión y Liquidación del Instituto Autónomo Fondo Único Social (IAFUS), publicada en la Gaceta Oficial N°39358 de fecha 1°de febrero de 2010.

manecerán depositadas hasta que se haya verificado la próxima asamblea. Si los comi- sarios reputan
fundado y urgente el reclamo de los accionistas que
representan el décimo del capital social, deben con-
vocar inmediatamente a una asamblea que decidirá
siempre sobre el reclamo.

De manera que la norma anteriormente transcrita define un procedimiento con el objeto de regular la responsabilidad derivada
del ejercicio de las funciones de los administradores de las sociedades mercantiles, el cual implica la denuncia correspondiente ante el comisario de la Sociedad Mercantil o, en su defecto,
"denunciar los hechos al tribunal de Comercio" con un número
de socios que represente la quinta parte del capital social de la
compañía de acuerdo con lo definido en el artículo 291 *eiusdem*.
Y aquí debo definir al juicio de rendición de cuentas como el procedimiento idóneo desechando la vía del procedimiento ordinario
para exigir la determinación de la responsabilidad del ciudadano
en la administración de la compañía y obtener así el reintegro de
cantidades de dinero al patrimonio de la compañía.[144]

---

[144] Sin embargo, debo advertir que esta no es la posición de la Casación Civil
ya que consideró que "Si bien en cierto, tal como señala la juez de la recurrida,
que cuando el administrador de una compañía o sociedad haya cometido alguna
falta en el ejercicio de sus funciones, le corresponde a la asamblea siguiendo
los parámetros del artículo 310 del C.Com. demandar por el juicio de rendición
de cuentas, que es la protección jurídica que tiene toda persona a la que le
hayan administrado bienes o gestionado negocios en general, para que el
administrador del mismo cumpla con su obligación de hacer una rendición de
cuentas, a través de la presentación de los libros contables, no es menos cierto,
que lo que pretende el accionante es restablecer, a través del juicio ordinario,
dentro de una demanda de "enriquecimiento sin causa", la cantidad de dinero
supuestamente extraída por el ciudadano Antonio José Rodríguez de la cuenta
de la empresa, por lo que yerra el ad quem al haber declarado con lugar el
ordinal 11° del artículo 346 del Código Adjetivo, ya que la pretensión judicial
de la parte demandante, es una demanda de "enriquecimiento sin causa" y no
un juicio de "rendición de cuentas", en [s.S.C.C. N° 28-11] Sentencia N° 28 de
fecha 28 de enero de 2011. Esta decisión refleja un desconocimiento del origen
del enriquecimiento sin causa como institución, muy vinculado a la temática

Por otra parte, ha sido por la vía de la doctrina y jurisprudencia que se han elaborado los principios básicos dirigidos a canalizar la impugnación de las decisiones asumidas por las Asambleas de Accionistas, ya que nuestra legislación no contiene normas especiales en esta materia. Son dos los mecanismos para objetar las decisiones tomadas en la Asamblea; por una parte, la disposición contenida en el artículo 290 del C.Com. y, la otra, que se infiere de los artículos 1.346 al 1.353 del Código Civil. La primera norma citada establece: "A las decisiones manifiestamente contrarias a los estatutos o la Ley, puede hacer oposición todo socio ante el Juez de Comercio del domicilio de la sociedad, y éste, oyendo previamente a los administradores, si encuentra que existen las faltas denunciadas, puede suspender la ejecución de esas decisiones y ordenar que se convoque una nueva asamblea para decidir sobre el asunto. La acción que da este artículo dura quince días, a contar de la fecha en que se dé la decisión".

Si la decisión reclamada fuese confirmada por la asamblea con la mayoría y de la manera establecida en los artículos 280 y 281 *eiusdem*, será obligatoria para todos los socios salvo que se trate de los casos a que se refiere el artículo 282, en que se procederá como él dispone. La antigua Sala de Casación Civil interpretó los artículos 289 y 290 del C.Com. en el contexto general del negocio jurídico, concretamente dentro de la Teoría General del Acto Col-

---

del mandato y la gestión de negocios. Por ejemplo, en la gestión de negocios prevista en el derecho quiritario, sí el pago se verificaba en contra de la voluntad del deudor, en principio, este carece de acción. En tal situación, era factible la cesión de las acciones utilizando la lógica procedimental del enriquecimiento sin causa; además, en el derecho post clásico se aplicó analógicamente la *actio de in rem verso* como *actio utilis*. Pero el enriquecimiento sin causa es un proceso marginal que se aplica ante la inexistencia de otra solución procesal y, adicionalmente, tiene el problema de la limitación al propio enriquecimiento del accionado. De manera que debe probarse, necesariamente, el beneficio del administrador en forma íntegra. No tiene sentido entonces abrir la puerta de un juicio ordinario, limitado en sus efectos, existiendo la rendición de cuentas como proceso especial contencioso.

ectivo.[145] Señaló el alto Tribunal de Justicia que solamente serían obligatorias para los accionistas aquellas decisiones que, habiendo siendo ratificadas, no sean nulas o hayan legítimamente sido confirmadas; pero, de mantenerse el vicio de nulidad absoluta, lo que hace que el acto no sea convalidable, la acción judicial se abre a los accionistas. En tal sentido, es conveniente reproducir parcialmente la decisión:

> Las decisiones afectadas de nulidad absoluta no pueden ser subsanadas por confirmación de acuerdo con los principios que informan nuestro ordenamiento jurídico puesto que el interés privado nunca podría sobreponerse al interés supremo del Estado o de la sociedad. De nulidad absoluta, en la materia que, nos ocupa, puede hablarse, por ejemplo: cuando la decisión de la asamblea infringe una disposición de orden público, cuando atenta contra las buenas costumbres; y cuando la decisión ha sido adoptada sin cumplir con los requisitos formales que sean esenciales para su validez.

> Juzga por consiguiente, esta Sala que cuando se trate de decisiones de asambleas viciadas de nulidad absoluta, el interesado, además de la oposición a que se refiere el artículo 290 del C.Com., puede intentar también la acción ordinaria de nulidad absoluta, para que se declare en juicio contencioso la invalidez del acto (Subrayado mío). También podría ser ejercida por el socio esa misma acción, cuando se trate de nulidad relativa a una decisión cuya suspensión no se hubiera ordenado y tampoco hubiera sido confirmada por la segunda asamblea en referencia, dentro del procedimiento sumario previsto en el artículo 290 del C.Com.".

---

145 Sentencia del 21 de Enero de 1975 de la Sala de Casación Civil de la Corte Suprema de Justicia, con Ponencia del Magistrado Carlos Trejo Padilla, tomada de la Compilación de Jurisprudencia de Ramírez y Garay, Tomo 46, N° 104-75.

De la transcripción anterior se colige:

a) El procedimiento consagrado en el artículo 290 del C.Com., no constituye un juicio, por no tratarse de un conflicto intersubjetivo de intereses que debe resolver el juez.

b) Las decisiones de la asamblea afectadas de nulidad absoluta, no pueden ser subsanadas por vía de confirmación de la segunda asamblea.

c) Se prevé la posibilidad de intentar una acción ordinaria de nulidad para que se aclare en juicio la invalidez del acto.

d) De manera que, aun cuando en los juicios de rendición de cuentas la legitimidad para actuar depende de una decisión de la asamblea de accionistas, en materia de nulidad de asambleas si tiene legitimidad el accionista para incoar la acción judicial.

e) En los supuestos de los contratos de colaboración empresarial, cualquiera de las sociedades o comerciantes involucrados tendría legitimación para actuar.

Lo que debo destacar, después de referir estas complejas incidencias, es que la disolución de la sociedad, ya en sentido estricto, supone la ocurrencia de una causal legal o convencional que pone fin a su capacidad negocial. Ahora bien, considero que al materializarse el supuesto de hecho se da, adicionalmente, la ruptura del vínculo societal y surge un derecho individual sobre una cuota de liquidación de una universalidad de bienes, en los términos que éstas fueron analizadas supra. La eliminación de la personalidad jurídica de la sociedad mercantil, para seguir realizando los actos relacionados con su objeto social, así como cualquier otro acto de comercio que constituya una innovación independiente de la consecuencial ejecución patrimonial, abre la fase de liquidación.

Para mayor complejidad, dado que el cierre operacional no puede ser traumático y deben realizarse los actos de liquidación, se plantea la problemática si persiste la personalidad jurídica de la sociedad en forma restringida a los actos necesarios para la liquidación;[146] o, al contrario, la definitiva inexistencia de la misma en virtud de la disolución.[147] Pero es que, inclusive, aunque en general en la solución de los conflictos priva la voluntad de las partes, considero que no es factible otorgar facultades a los liquidadores para realizar operaciones propias del objeto social porque, tal pacto, provocaría un espiral de relaciones jurídicas, en la que las nuevas operaciones realizadas por los liquidadores tendrán a su vez que ser liquidadas.

Considero que una interpretación inspirada en criterios quiritarios y de derecho común serviría de apoyo para solucionar estos dilemas en el campo mercantil. Simplemente, se puede acudir a la naturaleza de la comunidad como origen de las formas societarias para afirmar que, aunque el origen de la sociedad mercantil sea un contrato entre los accionistas, en la fase de liquidación priva el respeto a la integridad de las relaciones jurídicas con los terceros, las mismas que no pueden cortarse súbitamente sin originar daño. Ese es el sentido de normas como la contenida en el artículo 1.681 del Código Civil que establece que "la personalidad de la

---

146 Esos actos están limitados por el artículo 350 del Código de Comercio, ya transcrito.

147 El artículo 342 del Código de Comercio orienta la respuesta al preceptuar que "terminada o disuelta la sociedad, los administradores no pueden emprender nuevas operaciones, y si contravinieren a esta disposición son responsables personal y solidariamente por los negocios emprendidos. La prohibición tiene efecto desde el día en que ha expirado el término de la sociedad, en que se ha cumplido su objeto, o ha muerto alguno de los socios cuyo fallecimiento disuelva la sociedad, o desde que ésta es declarada en liquidación por los socios o por el Tribunal". Entonces, la idea de una personalidad jurídica diferida o una nueva forma societaria entre los mismos integrantes, parece perder fuerza con esta clara e indiscutible limitación legal.

sociedad subsiste para las necesidades de la liquidación, hasta el fin de ésta".

Pero el proceso de disolución de las sociedades mercantiles es más complejo por la connotación económica y la naturaleza de las relaciones involucradas. Por ejemplo, al cumplir su misión de ejecutores de la disolución, los liquidadores deben cumplir formalidades que concretan la extinción de la sociedad mercantil; entre ellas la de inscribir y publicar la extinción de la sociedad mercantil, tal como está prevista en los artículos 19.9 y 217 del Código de Comercio.[148] Las consecuencias del incumplimiento son graves ya que no surtirá efecto frente a terceros de buena fe la extinción de la sociedad sino después del cumplimiento de las formalidades referidas. Sin embargo, a pesar de que no se registre el acto final de participación de los liquidadores que pone fin al proceso de disolución, la sociedad queda extinta y, en consecuencia, no puede cumplir con su objeto social, así como tampoco cualquier otra actividad de carácter mercantil.[149]

---

[148] Es así que el Artículo 19 refiere los documentos que deben anotarse en el Registro de Comercio y, en lo que nos corresponde, esta incluido el registro de "un extracto de las escrituras en que se forma, se prorroga, se hace alteración que interese a tercero o se disuelve una sociedad y las en que se nombren liquidadores". Por su parte, el artículo 217 dispone que "todos los convenios o resoluciones que tengan por objeto la continuación de la compañía después de expirado su término; la reforma del contrato en las cláusulas que deban registrarse y publicarse, que reduzcan o amplíen el término de su duración, que excluyan algunos de sus miembros, que admitan otros o cambien la razón social, la fusión de una compañía con otra, y la disolución de la compañía aunque sea con arreglo al contrato, estarán sujetos al registro y publicación establecidos en los artículos precedentes".

[149] Esta conclusión no opera en el caso de fusión de sociedades ya que, aquellas que queden extintas por tal causa, no ameritan liquidación; lo cual encuadra en la causal del artículo 340.7 del Código de Comercio que prevé la extinción cuando una sociedad mercantil se incorpora a otra.

Siguiendo la tesis de aplicar los parámetros quiritarios y de derecho común, el hecho objetivo es que esa universalidad de bienes puede permanecer en acción, por cualquier causa, aunque el proceso de disolución no surta efecto frente a terceros de buena fe; o se materialice la responsabilidad personal y solidaria de los administradores que hayan seguido actuando en nombre de ella; o, inclusive, ante la inacción, negligencia o pasividad de los liquidadores. En este aspecto, considero pertinente el tratamiento de esa universalidad de bienes con base a las reglas básicas que rigen la comunidad que se han trabajado en forma exhaustiva en este trabajo, lo que en la práctica implica un tratamiento como sociedades irregulares o de hecho.

Baja el criterio de comunidad que propongo, la eventual conversión de la comunidad en una nueva sociedad requeriría un acuerdo unánime de los intereses involucrados. Insisto en advertir que no comparto el criterio de que la líquidación constituye una entidad con un personalidad jurídica propia con el único fin de extinguir relaciones jurídicas pendientes de la sociedad disuelta, así como tampoco puedo compartir la tesis de que el proceso de liquidación constituye una entidad con personalidad jurídica propia con el único fin de extinguir las relaciones jurídicas de la sociedad disuelta, lo que implicaría expandir el concepto de personalidad jurídica en un extremo inaceptable.

5.2. Caso de las sociedades civiles.

En materia de particiones entre los socios de sociedades civiles son aplicables las reglas concernientes a la partición de la herencia con la aclaratoria que, con la disolución de la sociedad, cesan los poderes de los administradores. De esta forma, a pesar de que en materia civil la personalidad de la sociedad subsiste para las necesidades de la liquidación hasta el fin de ésta, existen reglas específicas que regulan la liquidación.

En principio, la liquidación debe hacerse a través de todos los asociados o por un liquidador que ellos designen por unanimidad; no obstante, la práctica nos enseña que, en la mayoría de los casos, no existe acuerdo y, en consecuencia, se acude al recurso de la liquidación por vía judicial. En tal sentido, el artículo 1.683 del C.C. establece las reglas de la liquidación en los términos siguientes:

> Después de pagados los acreedores sociales, de separadas las sumas necesarias para el pago de las deudas no vencidas o litigiosas, y después de haber reembolsado los gastos o anticipos que hubiere hecho cualquiera de los asociados en interés de la sociedad, al activo social será repartido entre todos los socios.

> Cada uno tomará una suma igual al valor de su aporte, a menos que este haya consistido en su industria, o en el uso o goce de una cosa. Si aún quedare un excedente, éste será repartido entre los asociados en proporción a la parte de cada uno en los beneficios.

> Si el líquido partible es insuficiente para cubrir la totalidad de los aportes, la pérdida se repartirá entre los asociados en la porción estipulada.

6. Propiedad Horizontal.

En el caso de la propiedad horizontal, especie inicial de régimen de multipropiedad, los derechos de cada propietario en las cosas comunes son inherentes a la propiedad del respectivo apartamento o inseparables de ellas, por lo que la ley especial define como cosas comunes:

a) La totalidad del terreno que sirvió de base para la obtención del correspondiente permiso de construcción;

b) Los cimientos, paredes maestras, estructuras, te-
    chos, galerías, vestíbulos, escaleras, ascensores y
    vías de entrada, salida y comunicaciones;
c) Las azoteas, patios o jardines. Cuando dichas
    azoteas, patios o jardines sólo tengan acceso a
    través de un apartamento o local necesariamente
    serán de uso exclusivo del propietario de éste;
d) Los sótanos, salvo los apartamentos o locales
    que en ellos se hubieren construido de conformi-
    dad con las Ordenanzas Municipales. Si en dichos
    sótanos hubieren puestos de estacionamiento, de-
    pósitos o maleteros se aplicarán las disposiciones
    especiales relativas a los mismos;
e) Los locales destinados a la administración, vigi-
    lancia o alojamiento de porteros o encargados del
    inmueble;
f) Los locales y obras de seguridad, deportivas, de
    recreo, de ornato, de recepción o reunión social y
    otras semejantes;
g) Los locales e instalaciones de servicios centrales
    como electricidad, luz, gas, agua fría y caliente, re-
    frigeración, cisternas, tanques y bombas de agua
    y demás similares;
h) Los incineradores de residuos y, en general todos
    los artefactos, instalaciones y equipos existentes
    para el beneficio común;
i) Los puestos de estacionamiento que sean declara-
    dos como tales en el documento de condominio;
j) Los maleteros y depósitos en general que sean declara-
    dos como tales en el documento de condominio;
k) Cualesquiera otras partes del inmueble necesarias
    para la existencia, seguridad, condiciones higiéni-
    cas y conservación del inmueble o para permitir el
    uso y goce de todos y cada uno de los apartamen-
    tos y locales;

l) Serán asimismo cosas comunes a todos los apartamentos y locales, las que expresamente se indiquen como tales en el documento de condominio, y en particular los apartamentos, locales, sótanos y depósitos, maleteros o estacionamientos rentables, si los hubiere, cuyos frutos se destinen al pago total o parcial de los gastos comunes.[150]

Pero también, sumadas a las comunidades que surgen de manifestaciones voluntarias como la adquisición conjunta de bienes o pactos particulares de señorío compartido, deben agregarse en la actualidad los regímenes especiales diseñados legalmente.[151]

Una normativa que diseña dos modalidades: la primera sería la más interesante en lo que a este estudio se refiere, un concepto de "multipropiedad" que implica un derecho indiviso que supone la adquisición de dominio sobre una parte alícuota de una residencia vacacional o recreacional, con sujeción a un calendario en cuanto al uso; pero también está, como segunda modalidad, el "tiempo compartido", esta vez referido a los atributos del dominio, es decir el derecho a disfrutar una unidad vacacional o recreacional de carácter turístico, lo que implica el uso de los bienes muebles que se encuentren en la referida unidad, además de las instalaciones y áreas comunes, siempre que se limite a tiempo determinado.

---

150 En este sentido, el artículo 5° de la Ley de Propiedad Horizontal, publicada en la Gaceta Oficial (Extraordinaria) N° 3.241 del 18 de agosto de 1983.

151 Estas serían las modalidades que se pueden identificar en el artículo 2 de la Ley que Regula y Fomenta la Multipropiedad y el Sistema de Tiempo Compartido, publicada en la Gaceta Oficial N° 5.022 Extraordinario de fecha 18 de diciembre de 1995; y el Decreto N° 1.346 de fecha 29 de mayo de 1996, mediante el cual se dicta el Reglamento de la Ley que Regula y Fomenta la Multipropiedad y el Sistema de Tiempo Compartido, publicado en la Gaceta Oficial N° 35.996 de fecha 9 de julio de 1996.

7. El caso de la medianería como supuesto de indivisión.

Finalmente, se plantea la situación excepcional de indivisión forzosa de la propiedad de cosas comunes, lo que ya se refirió como evidente en el caso de la propiedad horizontal, pero que comentaré brevemente en el supuesto de la propiedad sobre las cosas medianeras regulada en los artículos 684 y 699 del código civil; y por las ordenanzas y usos locales, en cuanto no se le opongan a lo previsto en la normativa sustantiva.

El Código Civil establece presunciones de medianería cuando no haya un título o signo exterior que demuestre lo contrario: a) en las paredes divisorias de los edificios contiguos hasta el punto de elevación de acuerdo con el artículo 685.1 del Código Civil; b) en las paredes divisorias de los jardines o corrales en poblados o en el campo de acuerdo con el artículo 685.2 *eiusdem*; c) en las cercas vallados y setos vivos que dividen los predios rústicos de acuerdo con el artículo 685.3 *eiusdem*; d) en las zanjas abiertas entre las heredades de acuerdo con el artículo 688 *eiusdem*; y e) en los árboles que se hallen en la línea divisoria entre las propiedades de conformidad con el aparte primero del artículo 699 *eiusdem*.

El título a que se refiere la ley, más que un derecho que derive de contrato o acuerdo expreso de voluntades, está referido a situaciones jurídicas objetivas que permitan dilucidar una propiedad exclusiva de uno de los colindantes; por supuesto, tal referencia podría constar expresamen en el documento de propiedad del bien, pero no se límita a prueba documental. El signo exterior podría coincidir con la existencia del título, pero esta más en función de la especifica situación de hecho y casuística que no podría ser descrita en términos generales sin temor a dejar fuera de regulación a posiciones y emplazamientos específicos, por lo que correspondería la definición al juez en caso de controversia.

Lo que si se ensaya en los artículos 686 y 687 del Código Civil es la enumeración de las presunciones de no medianería. Asimismo, los derechos y deberes de los medianeros sobre la cosa común están previsto en los artículos 689, 694 y 696, aparte único del artículo 695, encabezamiento del artículo 696 y el encabezamiento y aparte único del artículo 693 del referido texto normativo.

Segunda Parte
La partición como mecanismo procesal de solución de controversias en torno a la comunidad

Capítulo IV
Partición amigable

1. La partición amigable como contrato final entre los comuneros.

Antes de describir el juicio de partición, se deben hacer algunas consideraciones sobre la liquidación extrajudicial de la comunidad que, sólo por consideraciones didácticas, defino como partición amigable. No sólo encuentra sustento esta posibilidad en la teoría general de los contratos, sino que el legislador hace declaratoria expresa, en la norma adjetiva contenida en el artículo 788 del C.P.C., en los siguientes términos: "Lo dispuesto en este Capítulo no coarta el derecho que tienen los interesados para practicar amigablemente la partición; pero si entre los interesados hubiere menores, entredichos o inhabilitados, será necesaria la aprobación del Tribunal competente, según el Código Civil y las leyes especiales".

Parece una consecuencia de esta redacción el surgimiento de una tercera posibilidad de partición "amigable judicial", en los supuestos de comuneros bajo *capitis deminutio*. Aunque sostengo que la esencia de la diferenciación debe basarse en el carácter contencioso o no de la partición y, en consecuencia, no puede añadirse una posibilidad de partición "amigable judicial".

1.1. Limitaciones en la comunidad conyugal.

En principio toda disolución y liquidación voluntaria es nula en el caso de la comunidad conyugal, que sólo se extingue por la disolución del vínculo por divorcio, la declaratoria de nulidad del matrimonio, la ausencia declarada, la quiebra o la muerte de uno de los cónyuges, salvo lo dispuesto en el artículo 190 del C.C. Sin embargo, dado el cambio jurisprudencial en materia de capitulaciones matrimoniales impuesto por la Sala Constitucional, la posibilidad de pactar este régimen en forma sustitutiva a la comunidad, durante la relación matrimonial misma, en la práctica implica una liquidación voluntaria, aunque no se disuelva el vínculo.

1.2 Preexistencia de un régimen de comunidad no disuelta.

Situaciones especiales que se relacionan con el punto anteriormente comentado se derivan de la preexistencia de otra comunidad, a la celebración de un nuevo matrimonio de comunidad conyugal o concubinaria, no liquidada en forma debida. La extinta Corte Suprema de Justicia sostuvo un criterio sobre la pervivencia de la comunidad después de la disolución del vínculo.[152] En efecto, comienza la Sala de Casación Civil afirmando que:

> ...la disolución de la comunidad de gananciales comporta la extinción o finalización del régimen patrimonial matrimonial, y al disolverse la comunidad por divorcio procede su liquidación, o lo que es lo mismo, la realización de un conjunto de operaciones encaminadas a separar los bienes comunes de los privativos de cada uno de los cónyuges, que debe culminar con la adjudicación en propiedad exclusiva a cada cónyuge de determinados bienes, lo cual puede efectuarse judicialmente o mediante acuerdo entre las partes que integran esa comunidad de gananciales. Al existir un proceso judicial de liquidación sin que el mismo hubiere concluido, ninguno de los cónyuges, actuando separadamente, puede realizar actos de

---

152 [s.S.C.C. N° R&G 1077- 99] Sentencia N° R&G 1077- 99 de la Sala de Casación Civil del 5 de mayo de 1999, con ponencia de José Luis Bonnemaison W. Caso: Amparo incoado por Pablo Antonio Contreras Navarrete. En el expediente N° 98-437. Tomada de la Compilación de Jurisprudencia de Ramírez y Garay, Tomo CLIV, N° 1077-99.

disposición sobre la totalidad de aquellos bienes proindivisos.

Ahora bien, el sustento de tal criterio no es la letra expresa de la Ley, la cual impone limitaciones y regula situaciones similares, puesto que se afirma que "cuando la comunidad de gananciales se extingue, pero no se ha proveído a su liquidación, es sustituida por una comunidad ordinaria entre los cónyuges o ex cónyuges, o sus herederos, y sólo termina con la liquidación de la misma". Sin embargo, la declaratoria de divorcio implica la disolución de la comunidad conyugal e, inclusive, esta puede considerarse como parte de la ejecución de dicha sentencia.

La anterior Jurisprudencia sería inaplicable en el supuesto de un nuevo matrimonio, con la vigencia de la comunidad conyugal que de él nace, ya que se estaría concretando una interpretación *contra legem* al permitir la coexistencia de intereses contradictorios que afectan un mismo patrimonio. Considero que no tenía que crearse una teoría especial sobre la conversión de una comunidad en otra, para solucionar la controversia incita en la Jurisprudencia comentada, conflicto que se limitaba a resolver la confusión de patrimonios y imposibilidad del comunero precedente de disponer de su cuota parte en la comunidad previa.

Había dos posibilidades: La primera, identificar el valor de los bienes precedentes que se correspondiera con la cuota subsistente en la comunidad y los provechos o frutos correspondientes conforme a lo establecido en el artículo 765 del Código Civil; la segunda, aplicar el lapso de prescripción para las acciones personales que afectaría la futura solicitud de disolución, desde la fecha del nuevo matrimonio. Todo esto al margen del mecanismo previsto en el artículo 170 *eiusdem* que prevé su propio lapso de caducidad para la acción de nulidad prevista y que se comienza a computar desde la fecha de inscripción del acto en los registros correspondientes o en los libros de las sociedades, sí se trata de acciones, obligaciones o cuotas de participación, cuando quien haya participado en algún acto de disposición tuviere motivo para conocer que los bienes afectados por dichos actos pertenecían a la comunidad conyugal no disuelta.

Considero, igualmente, la procedencia de una acción por daños y perjuicios que caducaría al año de la fecha en que se ha tenido conocimiento del acto y, en todo caso, al año después de la disolución de la comunidad conyugal, cuando no se dan los supuestos de nulidad. A manera de conclusión debo afirmar que la conversión de la comunidad conyugal en comunidad ordinaria deviene en el supuesto en que no se produzca formal separación de bienes, salvo el caso que uno de los cónyuges contraiga nuevas nupcias.

Resultaría fundamental verificar las acreencias de la comunidad conyugal preexistentes. Al admitirse la conversión de la comunidad conyugal a comunidad ordinaria que subsiste en forma indefinida, en el supuesto de un segundo matrimonio, se estaría transgrediendo el artículo 149 del Código Civil. En el mejor de los casos, si se considerara que pueden coexistir dos comunidades de naturaleza similar, tal como lo ha hecho el máximo Tribunal de Justicia, el aumento de valor como consecuencia de las mejoras hechas con dinero de la comunidad o por la industria de los cónyuges, pertenece a la segunda comunidad conyugal.

Como ya he insistido con vehemencia, en materia de liquidación de la comunidad concubinaria se hace imprescindible la presentación del documento de reconocimiento o de la declaración judicial que demuestre la existencia del concubinato ya que el artículo 767 del Código Civil sólo se establece los supuestos de presunción de su existencia. En efecto, la admisión de una demanda de partición, en este caso, depende de la presentación de la declaratoria judicial que comprueba el hecho cierto de la unión de hecho, lo que evidentemente es un acto pre constitutivo, anterior y necesario de la partición.

La consecuencia de este criterio será que la tramitación en un mismo procedimiento de una acción de mera certeza dirigida a establecer la existencia de la comunidad concubinaria con otra acción dirigida a la partición y liquidación de dicha comunidad, constituye la acumulación prohibida por el artículo 78 del Código de Procedimiento Civil. Lógicamente, para la procedencia del segundo procedimiento, se haría necesario que previamente se hubiera declarado, mediante sentencia definitivamente firme, la existencia del vínculo concubinario, en razón de que ésta es el documento fundamental que exigen los artículos 777 y 778 eiusdem para la admisibilidad de la demanda de partición.

1.3 Partición amigable por voluntad testamentaria

En el marco de una comunidad que surgiría por la apertura de una sucesión testamentaria, como una ampliación de la potestad del de cujus de disponer de su patrimonio, puede el testador encargar a un tercero que no sea coheredero la partición de los bienes. De la misma manera, el artículo del Código Civil permite la limitación a la partición de la herencia por voluntad del testador, cuando alguno de los herederos instituidos sea menor, hasta un año después que haya llegado a la mayoridad el menor de ellos.

1.4 Limitaciones en función de la naturaleza de los bienes.

Existen límites a la solicitud de partición por la naturaleza del bien o bienes objeto de la comunidad sí, ejecutada ésta, el bien deja de servir para el uso a que está destinado. Queda a salvo la posibilidad del procedimiento sustitutivo de división, que podría implicar actuación judicial, en el cual se produce la venta de la cosa común y el reparto proporcional del precio. Existen bienes objeto de comunidad que son indisponibles por voluntad de la Ley y el fin al cual están destinados. Caso típico serían los bienes accesorios o afectados a un bien inmueble objeto de propiedad horizontal.

2. Nulidad de la partición amigable

La partición amigable puede ser anulada por dolo, coacción, error esencial, intervención de incapaz o, en general, en los supuestos de nulidad de los contratos. La prescripción para intentar la acción de nulidad debe computarse: a) En caso de coacción, el día que ésta cesó; b) En los supuestos de error o dolo, el día en que se realizó el acto; y c) En el caso de los incapaces, el día en que cesa la incapacidad.

Solamente la partición amigable que por disposición expresa de la Ley debe ser homologada es objeto de acción de nulidad (rescisoria). La partición judicial, una vez hecha y juzgada, sólo es anulable por los vicios y defectos, taxativamente enunciados que invalidan las sentencias; por quebrantamiento de las formalidades legales y por excluir a un heredero o incluir a quien no lo era. También cabe la posibilidad de revisión constitucional, mecanismo que no es un recurso, ante la Sala Constitucional, en los tres supuestos diseñados por la Jurisprudencia.

Se puede intentar la acción de invalidación contra la sentencia de partición sí, durante dicho proceso, se produjo decisión judicial dirimiendo la controversia entre los herederos que afecte el resultado final. Sí en el proceso de partición que se deriva de una herencia fallece el otro cónyuge, antes de la partición de los bienes del premuerto, las dos herencias deben ser inventariadas y partidas acumulativamente, en caso de que los herederos de ambos fueren los mismos.

Capítulo V

1. La inspiración quiritaria en los procesos de división y liquidación patrimonial.

Rememorando la parte introductoria, en el Derecho Romano se diseñan distintos mecanismos procesales para cada situación particular de comunidad. La situación nacida de la *communio* era muy inestable, como también lo es hoy, debido a las dificultades existentes entre los condóminos para usar y administrar económicamente la cosa común, razón por la cual a todos y cada uno de ellos se les otorgaba la posibilidad de lograr la partición de la cosa, adjudicándose la parte material que les corresponde. Ésta se lograba por medio de la *actio communi dividundo* (para el caso de condominio de una cosa concreta) y de la *actio familiae erciscundae* (para el caso de la comunidad hereditaria).

a) Estas dos acciones, conjuntamente con la *actio finium regundorum* dirigida a la definición de límites confusos (lo que en nuestro derecho se denomina acción de deslinde), son "acciones divisorias". La fórmula cuenta en todas sus modalidades con la *adiudicatio*. Por ella, el juez puede atribuir a cada uno de los condóminos, la parte que le corresponde de acuerdo a su cuota de participación. Así, si la cosa puede ser dividida con comodidad, se da a cada uno lo que le corresponde proporcionalmente. Si la cosa es indivisible, se puede otorgar la cosa a uno de los condóminos, quedando éste obligado a tener que pagar a los demás una suma de dinero equivalente al valor de las cuotapartes. O también se puede vender a un tercero, procediéndose a la partición en cuanto al precio recibido (Inst., 4.6.20; 4.17.4; Ulp., D.10.3.6.8; D.10.3.7 pr. y 1).

b) Pero es que, adicionalmente, las acciones divisorias no se limitaban a solucionar el problema de la división material de la cosa, sino que se aprovechaba para regular las controversias sobre créditos surgidas durante la vida comunitaria; como por ejemplo, la atribución de frutos y los pagos por expensas o mejoras. Incluso, en la época de Justiniano, ambas acciones serán consideradas mixtas (*tam in rem quam in personam*; Inst., 4.6.20), con la particularidad de que es posible ejercerlas (como la *actio pro socio*), para el solo efecto del pago de estos compromisos, pudiendo la cosa quedar indivisa (Paulo, D.10.3.14.I itp.).

2. Objeto de la Partición.

La demanda de partición materializa una acción dirigida a modificar la situación de comunidad preexistente y crear una nueva situación jurídica; ya sea por la adjudicación de una parte de un bien y la división de bienes comunes que se convierten en propios, o por la venta del bien y el reparto del precio. En este último caso se puede apreciar un mecanismo sustitutivo de división material. Con tal fin, el libelo de demanda, además de cumplir con los requisitos del artículo 340 del C.P.C., debe expresar con especial cuidado el título o situación jurídica que origina la comunidad, la proporción en que deben dividirse los bienes afectados y, a los efectos de la citación, los nombres de los condóminos.

3. Incidencias en la citación en el marco del proceso de partición.

El Juez no está limitado, a los efectos de la citación de la parte demandada, a los señalamientos del actor en el libelo de demanda, sino que, con base a los recaudos presentados, al deducir la existencia de otros condóminos, puede ordenar de oficio la citación adicional. Cabe advertir que, por la naturaleza misma de alguna de las situaciones que pueden dar origen a la comunidad, tal como se evidencia en la apertura de las sucesiones, puede darse la necesidad de aplicar el procedimiento pautado en los artículos 231 y 232 del C.P.C., que rezan textualmente:

Artículo 231.- Cuando se compruebe que son desconocidos los sucesores de una persona determinada que ha fallecido y esté comprobado o reconocido un derecho de ésta referente a una herencia u otra cosa común, la citación que debe hacerse a tales sucesores desconocidos, en relación con las acciones que afecten dicho derecho, se verificará por un edicto en que se llame a quienes se crean asistidos de aquel derecho para que comparezcan a darse por citados en un término no menor de sesenta días continuos, ni mayor de ciento veinte, a juicio del Tribunal, según las circunstancias.

El edicto deberá contener el nombre y apellido del demandante y los del causante de los sucesores desconocidos, el último domicilio del causante, el objeto de la demanda y el día y la hora de la comparecencia.

El edicto se fijará en la puerta del Tribunal y se publicará en dos periódicos de la mayor circulación en la localidad o en la más inmediata, que indicará el Juez, por lo menos durante sesenta días, dos veces por semana.

Artículo 232.- Si transcurriere el lapso fijado en el edicto para la comparecencia, sin verificarse ésta, el Tribunal nombrará un defensor de los desconocidos, con quien se entenderá la citación hasta que según la Ley cese su encargo.

En un proceso de partición relacionado con sucesiones a siempre recomiendo la citación por edictos en razón de que es común que haya dudas sobre la existencia de otros herederos, no enumerados en el libelo. La citación es un acto de procedimiento esencial para la validez de los actos subsiguientes y cualquier vicio puede acarrear la reposición de la causa, además de ser causal de invalidación de sentencia ejecutoria de conformidad con el ordinal 1° del artículo 328 del C.P.C.; pero es que también la casación ha determinado defecto de actividad por esta causa y se han producido nulidades de sentencias, por esta causa, inclusive en la oportunidad de la verificación de solicitudes de revisión constitucional ante la Sala Constitucional del Tribunal Supremo de Justicia. También debo recordar lo ya comentado infra en cuanto a que existen terceros interesados en intervenir, tal como se infiere de la norma contenida en el artículo 766 del C.C., que reza textualmente:

> Los acreedores de un comunero pueden oponerse a que se proceda a la división sin su intervención, y pueden intervenir a su costa; pero no pueden impugnar una división consumada, excepto en caso de fraude o de que dicha división se haya efectuado a pesar de formal oposición, y salvo siempre a ellos el ejercicio de los derechos de su deudor.

En este orden de ideas, encuentro soporte jurisprudencial en la Sala Constitucional que ordenó la reposición de la causa a la fase de practicar las citaciones de los herederos conocidos y desconocidos mediante edictos, en resguardo de su derecho a la defensa:

> ...observa la Sala que el trámite de la incidencia de rendición de cuentas, ha sido realizada sin garantizar el derecho de defensa de quienes podían ver comprometido sus intereses, por la petición que afecta su causahabiente. Todo lo cual constituye, como ha sido precisado por esta Sala, una infracción a la garantía del debido proceso, pues es condición indispensable de todo procedimiento, que quienes

estén llamados a participar en él, hayan tenido conocimiento de su existencia para garantizar su derecho de defensa. Luego, toda la actividad procesal posterior a la solicitud de rendición de cuentas, es nula por haber sido realizada en un procedimiento en el cual fue infringida la garantía del debido proceso, pues se infringió el derecho de defensa de los causahabientes del ciudadano Rafael Sánchez Quintero, quienes no fueron llamados a la causa, pero contra quienes se pretende ejecutar una sentencia, dictada en un procedimiento en el cual no fueron partes. Así se declara. En el caso sub examine el hecho extintivo lo constituye la muerte de la co-demandada, en torno al punto el profesor Ricardo Henríquez La Roche comenta lo siguiente: 'Son nulos los actos cumplidos o sustanciados en el juicio en el arco de tiempo que va desde la ocurrencia del hecho extintivo del poder hasta el momento de su constancia en autos...' (Código de Procedimiento Civil, Tomo I, Caracas 1995, Pág. 489).

Considera necesario la Sala acotar que no se debe confundir el hecho de que la suspensión de la causa por motivo de muerte de cualquiera de las partes se lleva a cabo desde el momento cuando tal hecho consta en el expediente, tal y como se señala en el artículo 144 del Código de Procedimiento Civil, con el hecho de que los efectos de la cesación de la representación son exigibles desde el momento de la ocurrencia, aunque tal circunstancia haya sido demostrada con posterioridad (...) En cuanto a la actuación del tribunal, es evidente que, hasta tanto no se le participe y se demuestre, fehacientemente la muerte de una de las partes en el proceso, no estará obligado dicho órgano jurisdiccional a decretar la suspensión de la causa; sin embargo, el juez, como director del proceso de conformidad con el artículo 12 del Código de Procedimiento Civil y, teniendo como norte la verdad, tal y como lo señala la citada disposición normativa, debió haber tomado las medidas necesarias para garantizar los derechos e intereses de una de las codemandadas, la cual a decir de su propio mandatario, a través de diligencia del 22 de junio de 1994, había fallecido (subrayado y resaltado de este fallo) (...) Todo lo anterior refleja que se desconocieron normas que garantizan el derecho a la defensa y al debido proceso, en virtud de que se continuó un trámite sin citar a los herederos del de cujus y con un apoderado ejerciendo la representación de alguien que ya había fallecido.[153]

4. Contestación de la demanda.

La norma contenida en el artículo 777 del C.P.C., establece que la demanda de partición o división de bienes comunes se promoverá por los trámites del procedimiento ordinario; sin embargo, la especialidad del juicio radica en la existencia de dos etapas: La primera, que es "la contradictoria y en la cual se resuelve sobre el derecho de partición y la contradicción relativa al dominio común respecto de algunos o algunos de los bienes a partir; y la segunda, que es la ejecutiva, la cual comienza con la sentencia que ponga fin a la primera etapa del proceso de partición, es decir, la contradictoria y emplace a las partes para el nombramiento de partidor".[154] La frontera entre estas dos fases la marca, precisamente, la actitud de la parte demandada en la contestación de la demanda, y el contenido del artículo 780 del C.P.C. que establece:

---

153 [s.S.C. N° 1193-09] Sentencia N° 1.193 de fecha 30 de septiembre de 2009.

154 [s.S.C.C. N° 200-97] Sentencia N° 200 de fecha 31 de julio de 1997.

Artículo 780.- La contradicción relativa al dominio común respecto de alguno o algunos de los bienes se sustanciará y decidirá por los trámites del procedimiento ordinario en cuaderno separado, sin impedir la división de los demás bienes cuyo condominio no sea contradicho y a este último efecto se emplazará a las partes para el nombramiento del partidor. Si hubiere discusión sobre el carácter o cuota de los interesados, se sustanciará y decidirá por los trámites del procedimiento ordinario y resuelto el juicio que embarace la partición se emplazará a las partes para el nombramiento del partidor.

4.1 Diferenciación entre contestación de la demanda y oposición.

Al diferenciar la norma contenida en el artículo 778 del C.P.C., entre oposición y la "discusión sobre el carácter o cuota de los interesados" puede plantearse la hipótesis de que, aún sin formal contestación en el plazo de Ley, se inicie el contradictorio típico del juicio de partición por la moción relacionada sobre la cualidad de comunero o la cuota que le corresponda. Este tipo de actuación tiene gran importancia por cuanto en el juicio de partición la opción de promover cuestiones previas, en lugar de contestar la demanda, está vedada; e, inclusive, está excluida la posibilidad de reconvención. En este último caso, el único procedimiento compatible con la partición es la recíproca solicitud de partición que definitivamente es una sola:

... Esta disposición adjetiva determina que, en aquellos casos, como el de autos, en el que se discuta el carácter la cuota de los interesados, deberá sustanciarse el proceso por los trámites del juicio ordinario, hasta dictarse la sentencia definitiva que embarace la partición (...) el trámite del procedimiento ordinario se abre, en este juicio especial, únicamente si se discutiese el carácter o la cuota de los interesados o hubiere oposición a la partición, y es en esta etapa del juicio de partición donde se encuentra el de la denuncia que se examina es improcedente, y así se decide. Aunado a ello, observa la Sala que el pronunciamiento jurisdiccional bajo examen constituye una razón jurídica previa que eximía al juez de valorar y pronunciarse sobre otros alegatos, defensas y pruebas que no estuviesen relacionados con la razón de derecho invocada por el juzgador lo que, por este motivo, también hace improcedente la denuncia analizada en la parte que se examina. Ahora bien, en lo que sí tiene razón el formalizante es en el hecho de que el trámite del juicio ordinario se había cumplido, existiendo en los autos comprobación de tal circunstancia al haberse promovido y evacuado pruebas y dictado la sentencia que declaró sin lugar la demanda, y con lugar la reconvención.

En efecto, si bien es cierto que la vía ordinaria se abre únicamente cuando existe oposición o contradicción sobre el carácter o la cuota de uno de los comuneros (como ocurrió en este caso), no es menos cierto que era, en esa oportunidad en que se produjera una u otra de esas circunstancias, cuando debía proferirse el fallo que determinará la apertura del trámite del juicio ordinario y no, como aconteció en este asunto, en el que, una vez promovidas y evacuadas las pruebas en el proceso se acuerda en alzada la continuación del juicio por la vía ordinaria, sin indicarse expresamente en qué etapa de ésta continuaría la causa, resultando su fallo incongruente.[155]

---

155 [s.S.C.C. N° R&G 1360-99] Sentencia N° R&G 1360-99 de la Sala de Casación Civil del 2 de junio de 1999, con ponencia de Magaly Perretti de

4.2 Imposibilidad de oponer cuestiones previas o reconvención.

Es importante advertir que sí la etapa contradictoria se inicia en el supuesto de una contestación de la demanda que implique oposición o la "discusión sobre el carácter o cuota de los interesados", y que la misma sigue el procedimiento pautado para el juicio ordinario, mal pueden oponerse unas cuestiones previas que, por definición, desplaza la oportunidad de la contestación misma. A conclusión similar se puede arribar en el caso de la reconvención:

> Tanto la sentencia del primer grado, como la recurrida, afirman que en la oportunidad de contestación a la demanda, la parte emplazada para la partición, no hizo oposición a la petición, ni discutió el carácter o la cuota de los interesados, por lo que se estaría en el supuesto del artículo 778 del Código de Procedimiento Civil, en el cual si ocurriere y se apoyare la demanda en una prueba fehaciente sobre la existencia de la comunidad, no habrá lugar a seguir el juicio ordinario, y el litigio se limitará a lo relacionado con las diligencias de partición.
>
> Sin embargo, en el caso de autos, el a quo admitió inicialmente –e indebidamente- una reconvención propuesta sólo nominalmente por la demandada, abrió el término de pruebas del juicio ordinario y ordenó también, paralelamente y luego de insistentes peticiones del apoderado actor, seguir el trámite del nombramiento de partidor, emitiendo luego una decisión en la que declaraba con lugar la demanda de partición y sin lugar la reconvención, pero sin indicar

Parada. Caso: Amparo incoado por G.A. Contreras y otro contra J.F. Moreno. En el expediente N° 97-641. Tomada de la Compilación de Jurisprudencia de Ramírez y Garay, Tomo CLV, N° 1360-99.

qué etapa del proceso pretendía decidir, lo cual resultaba necesario por la especialidad del régimen judicial de la partición.

En efecto, el procedimiento de partición se desarrolla en dos etapas claramente diferenciadas. Una que se tramita por la vía del juicio ordinario y que sólo se abre si en la oportunidad de contestar la demanda hubiere oposición a la partición o se discutiere el carácter o la cuota de los interesados; y la otra, que es la partición propiamente dicha, en la que se designa un partidor y se ejecutan las diligencias de determinación, valoración y distribución de los bienes del caso.

En ambas fases, por otra parte, puede haber lugar a los recursos ordinarios o extraordinarios que la cuantía del asunto permita, ejercibles tanto contra la sentencia del juicio previo que embarace la partición, como contra las determinaciones del partidor.

En el caso que aquí se examina, existió, además, el agravante de que la propuesta de partición no fue presentada por el partidor dentro de un lapso determinado que debió fijarle el tribunal -pero que no lo hizo- ni se notificó a las partes el hecho de esa presentación, de modo que pudiera comenzar a correr con las debidas garantías para los litigantes, el lapso para revisar y objetar la propuesta de partición, según lo previsto en el artículo 785 del Código de Procedimiento Civil, de lo cual depende bien que se decrete concluida la partición, o bien que deba ocurrirse a instancias superiores donde se resuelvan las objeciones que fueren planteadas oportunamente.

Frente a esa confusa situación procesal que generó la actuación del a quo, con infracción de los artículos 777 y 781 del Código de Procedimiento Civil, correspondía al superior de la recurrida ordenar el procedimiento decretando las nulidades y reposición pertinentes, lo cual omitió, incurriendo así en infracción del artículo 208 del Código de Procedimiento Civil, en concordancia con el artículo 205 eiusdem.

En consecuencia de lo expuesto, con el fin de procurar la estabilidad del juicio y ajustándose en lo posible al principio de economía procesal, la Sala considera procedente decretar la nulidad de todo lo actuado a partir de la presentación al tribunal de la partición por el partidor, y del estado en que se notifique la misma a los interesados de modo que a partir de la última de las notificaciones, se siga el procedimiento dispuesto en los artículos 785 y siguientes del Código de Procedimiento Civil.[156]

4.3 Convenimiento en la solicitud de partición.

En el acto de la contestación de la demanda puede darse el convenimiento de la demandada sobre la cualidad de comunero del actor y la cuota correspondiente a los titulares de los intereses subjetivos en juego. Dicho convenimiento puede ser parcial en el supuesto en que se alegue la exclusión de ciertos bienes cuando se trata de universalidad de bienes o de partición de un patrimonio.

5. La formal oposición a la demanda como fundamento de la continuidad de la etapa contradictoria en el juicio de partición.

La oposición, mecanismo adjetivo de contradicción de la solicitud de partición, es esencial, no debe ser confundida con la

---

156 [s.S.C.C. N° RC.00263-97] Sentencia N° 263 de fecha 2 octubre de 1997, con ponencia de Alirio Abreu Burelli. Caso: Juicio de Antonio Santos Pérez contra Claudencia Gelis Camacho Pérez. En el expediente N° 95-858. JUICIO DE PARTICIÓN.

contestación de la demanda y, en suma, constituye la justificación de una etapa previa que define los elementos fundamentales que permitirán al partidor ejecutar su tarea. Sobre los efectos de la oposición la doctrina es pacífica:

> ...El procedimiento de partición se encuentra regulado en la Ley Adjetiva Civil, ex artículos 777 y siguientes; de su contenido se evidencia que en el juicio de partición pueden presentarse dos situaciones diferentes, a saber: 1) Que en el acto de la contestación de la demanda no se haga oposición, a los términos en que se planteó la partición en el correspondiente libelo. En este supuesto no existe controversia y el Juez declarará que ha lugar a la partición, en consecuencia, ordenará a las partes nombrar el partidor, en estos casos no procede recurso alguno. 2) Que los interesados realicen oposición a la partición, la cual puede ser total o parcial, vale decir que recaiga sobre todos o algunos de los bienes comunes, en estos casos el proceso se sustanciará y decidirá siguiendo los tramites del juicio ordinario hasta que se dicte el fallo que embarace la partición, tal y como lo establece el artículo 780 del Código de Procedimiento Civil, y en este estado se emplazara a las partes para que procedan al nombramiento del partidor; como ya se indicó, contra las decisiones que se produzcan en esta segunda hipótesis, se conceden tanto el recurso subjetivo procesal de apelación como el extraordinario de casación.[157]

---

157 Esta doctrina está contenida s.S.C.C. N° RC-00383-07 que ratifica el contenido de la s.S.C.C. N° 331-00 y s.S.C.C. N° RC.00736-04. La originaria sentencia del año 2000 también indicaba: "De la transcripción realizada, advierte la Sala, que el Juez Superior en su decisión, ciertamente establece las cuotas en las que deben adjudicarse los bienes sobre los cuales no hubo oposición. En este orden de ideas, es oportuno destacar que al no existir oposición, tal supuesto puede equipararse a un convenir de los demandados, de manera que

A los efectos de descifrar el contenido de la oposición es conveniente mencionar la posición de Duque Sánchez quien, citando a Borjas, señala que la oposición puede hacerse:

a) Por medio de excepciones dilatorias, así sean referentes a la declinatoria de la jurisdicción del Tribunal, a la ilegalidad de las personas que intervengan en el proceso, a la forma irregular del libelo, a la existencia de una cuestión prejudicial, v.g., la de haber juicio pendiente sobre la nulidad del testamento relativo a la herencia cuya división se pide, o a la condición o plazo no cumplidos, como si no estuviere vencido el término que la ley acuerda al heredero para deliberar sobre la aceptación o repudiación, o bien el lapso de permanecer en comunidad hubieren convenido válidamente los herederos o fijado el testador conforme a la ley.

b) Por medio de excepciones de inadmisibilidad, como si careciesen de cualidad o interés para pedir la división o para ser llamados a juicio las partes actora y demandada, o si por sentencia ejecutoriada se hubiere declarado celebrada la partición o sin lugar la acción en que se la demandó.

c) Por medio de excepciones perentorias, tales como: haberse practicado ya la partición pedida, o

en este estado de cosas, la labor del juez, en esta fase del proceso denominada "contradictoria", debe limitarse a emplazarlas para que designen al partidor, quien en definitiva, posee la potestad de realizar la división sobre los bienes de la partición y liquidación que no fueron objeto de oposición, fijando para ello las cuotas que corresponderán a cada heredero, dentro de la segunda etapa del procedimiento llamada "ejecutiva". Debe enfatizarse, el hecho de que no es al juez a quien corresponde pronunciarse sobre las proporciones en las que deban liquidarse los bienes integrantes del acervo hereditario, su función es la de decidir sobre la procedencia o no de la partición, pues, se repite, esa labor corresponde al partidor que al efecto y por mandato del sentenciador, deberán nombrar las partes".

por no haber bienes partibles o haber uno o varios coherederos adquirido en virtud de prescripción la totalidad o parte de la herencia (Sic); o por no ser indivisibles las cosas cuya partición se pide, siendo, por ejemplo, dichos bienes el aporte de uno de los socios a una sociedad no liquidada, o bien cosas indivisibles por destino, como una escalera común a varios pisos pertenecientes a propietarios distintos, un inmueble cuyo usufructo corresponda a un tercero a quien perjudicaría la división, etc. Contra la posibilidad de la partición puede también alegarse, como excepción de fondo, el convenio de oposición a ella de los acreedores o el temor fundado de que se opongan (art. 580 del Código de Procedimiento Civil). En todos estos casos, el juicio que embaraza la partición continuará en la forma ordinaria hasta que recaiga la sentencia correspondiente definitivamente firme.[158]

Al margen de que la anterior opinión se produjo en plena vigencia del Código de Procedimiento Civil de 1916, considero que confundir la oposición con la promoción de excepciones, ahora cuestiones previas, es un error de concepto. Tal apreciación se deriva de la naturaleza misma del juicio de partición que, como mecanismo procesal, debe facilitar la disolución de la comunidad y, en consecuencia, tiene las características típicas de los procedimientos especiales, como lo son el carácter sumario y la conversión en juicio ordinario en el supuesto de oposición. De existir controversia sobre los aspectos sustantivos de la comunidad, supuesto básico de la pretensión procesal, cabe la oposición y la consecuencial conversión en juicio ordinario para dirimirla.

Por el contrario, de no existir tal controversia, se debe proceder a la división sin más dilaciones. La Jurisprudencia ha sido clara

---

158 José Román Duque Sánchez, Procedimientos Especiales Contenciosos. Caracas: Universidad Católica Andrés Bello, Editorial Sucre, 1981, p. 196.

al señalar que, en la primera etapa del juicio, la contradictoria, no se puede entrar a partir directamente los bienes, sino que es en la segunda etapa en la que se emplaza a las partes para el nombramiento del partidor. No podría el Juez, en esta primera etapa, no dirimida la controversia, proceder a la liquidación sin violar la garantía constitucional del debido proceso, tal como lo ha establecido la jurisprudencia:

> En el caso bajo estudio, la sentencia impugnada, conociendo en su primera etapa de la acción de partición y liquidación, procedió en su fallo a declarar con lugar la demanda y a partir directamente los bienes, sin emplazar a las partes para el nombramiento del partidor, quien como antes se indicó, es el que efectivamente tiene la potestad de realizar la partición de los bienes objeto de la partición y liquidación.
>
> Es decir, el Tribunal Superior, no estaba en la segunda etapa del procedimiento de partición, cual es la ejecutiva, para entrar a partir los bienes objeto del mismo, además de que no es el Juez el que realiza la partición en dicha etapa sino el partidor que se nombra una vez emplazadas las partes, posterior a la sentencia que ponga fin a la primera etapa del proceso.
>
> Por consiguiente, con dicho proceder incurre el sentenciador superior en la violación del debido proceso, pues al partir los bienes cuando sentenció sin emplazar a las partes para el nombramiento del partidor, alteró el procedimiento establecido para 1a partición. Por lo tanto, incurre en la violación del debido proceso y específicamente en el derecho a la defensa, mas no en la violación del derecho de propiedad.[159]

---

159 [s.S.C.C. N° 279-98] Sentencia N° 279 de la Casación Civil del 24 de septiembre de 1998.

Por la connotación de esta primera etapa en la trayectoria del procedimiento, la extinta Corte Suprema de Justicia había considerado que contra la sentencia que ponga fin a esa etapa del juicio se admitía recurso de casación de inmediato. Tal criterio parece haber sido revisado a raíz de un caso de controversial en el que se comenta el tradicional criterio sobre la naturaleza jurídica del juicio de partición:

> Del examen detenido de las disposiciones transcritas es obligante determinar que en el juicio de partición se pueden presentar dos situaciones diferentes, a saber:
>
> 1) Que en el acto de contestación no se haga oposición, a los términos en que se planteó la partición en la demanda. En otras palabras, al no efectuarse oposición y la demanda estuviera apoyada en instrumento fehaciente, el Juez debe emplazar a las partes para el nombramiento del partidor.
>
> 2) Si en el acto de contestación se realiza la oposición, esto quiere decir, que los interesados discuten, impugnan los términos de la partición y el procedimiento se sustanciará por el juicio ordinario, en cuaderno separado, sin impedir la división de aquellos bienes cuyo dominio no se discute, o se contradice, es decir, al haber discusión sobre el carácter o cuota de los interesados el procedimiento se sustanciará y decidirá por los trámites del juicio ordinario y resuelto el juicio que embarace la partición se emplazará a las partes para el nombramiento del partidor (Art. 780 del C.P.C.).
>
> La Sala aprecia que, en la primera situación, cuando llegada la oportunidad procesal para hacer oposición y los interesados no la efectúan, se entiende que están de acuerdo con los términos en que se demandó la partición; en otras palabras, al no hacer oposición no hay controversia, no hay impugnación sobre el

carácter o cuota de los interesados. Ante este supuesto el legislador dio facultades al juez para proferir un pronunciamiento de que es procedente la partición y esta debe continuar, emplazando a las partes para que nombren partidor, en el término señalado en el artículo 778 del Código de Procedimiento Civil.[160]

Hay que aclarar que en el caso concreto que se cita anteriormente, el tribunal de instancia que conocía la partición determinó que el demandado incurrió en confesión ficta y prosiguió entonces con la segunda fase del proceso negando el recurso de casación contra tal declaratoria. A pesar de que en la anterior transcripción el máximo Tribunal reedita su tradicional criterio, es en el aspecto relacionado con la revisión de la decisión que ponga fin a la etapa contradictoria en que cambia de criterio. En efecto, sostuvo la Sala:

> El contenido de esta norma rectora del procedimiento de partición (Art. 778 del C.P.C.) no ofrece ninguna duda; el legislador les da a los interesados la oportunidad procesal para que discutan los términos de la partición demandada, haciendo oposición. Si los interesados no hacen uso de este medio de defensa o lo ejercen extemporáneamente, no hay controversia, no hay discusión y el Juez debe considerar que ha lugar la partición por no haber objeciones. Ahora bien, la naturaleza jurídica de esta decisión que se produce en esta fase de la partición no tiene apelación, como se infiere del contenido del artículo 778 del Código de Procedimiento Civil, al no expresar la norma que podía ejercerse recurso de apelación contra la sentencia del Juez que decidió con lugar la partición porque los interesados no hicieron oposición, y ello es así, porque de la propia

---

160 [s.S.C.C. N° 613-98] Sentencia N° 613 de la Sala de Casación Civil del 3 de agosto de 1998.

166

norma citada se infiere que el legislador no previó la apertura al juicio ordinario, sino que el Juez como rector del proceso ordena que por no haber oposición a la partición, las partes deben concurrir en el término procesal previsto o nombrar partidor.

En la segunda situación que contempla el juicio de partición, es decir, si los interesados realizan oposición, o contradicen los términos de la partición, el proceso se sustanciará y decidirá por los trámites del juicio ordinario hasta que se dicte la sentencia que embarace la partición, como se consagra en el artículo 780 del Código de Procedimiento Civil, y en este estado se emplazará a las partes para el nombramiento del partidor.

Es oportuno destacar que el legislador en estas normas rectoras del juicio de partición no contempló el recurso de apelación y mucho menos el extraordinario de casación, y a esta conclusión llega la Sala puntualizando así su criterio sobre la materia; porque, al examinar detenidamente las disposiciones del Código de Procedimiento Civil relativas a este proceso de partición, se observa que es en el artículo 787 eiusdem, que el legislador dispone:

"Artículo 787.- Si los reparos son graves emplazará a los interesados y al partidor para una reunión y si en ella se llega a un acuerdo, el Juez aprobará la partición con las rectificaciones convenidas".

"Si no llega a acuerdo, el Juez decidirá sobre los reparos presentados dentro de los diez días siguientes. De la decisión se oirá apelación en ambos efectos". (Cursivas de la Sala).

Esta norma precedentemente transcrita es la única que contempla el recurso de apelación, y aun cuando no hace referencia al extraordinario de casación, al otorgar el recurso en ambos efectos es porque el legislador consideró que esta fase es la definitiva, lo que permite concluir que al oírse apelación en ambos efectos, contra la decisión del Juez que conoce de los reparos graves que los interesados hacen, también la decisión del Superior que conoce en alzada es una sentencia susceptible de tener casación.

Sin embargo, aprecia la Sala que cuando el artículo 780 del Código de Procedimiento Civil prevé la contradicción al dominio común respecto de algunos bienes, los trámites se seguirán por el juicio ordinario. En otras palabras, al haber contradicción u oposición, se plantea una controversia que se regirá por las normas del procedimiento ordinario, aceptando que las providencias que se susciten tienen apelación y se puede llegar hasta casación.[161]

Al determinar la inapelabilidad de las sentencias que dan por concluida la etapa contradictoria, aunque está sea producto de una discutible confesión ficta, la Sala de Casación atentó contra la garantía constitucional del derecho a la defensa. A tal conclusión se puede llegar por vía de la misma doctrina de la Corte Suprema de Justicia, en esa misma Sala, en la Sentencia de fecha 31 de Julio de 1997, tantas veces citada, en la cual se constata que, desde el punto de vista del Derecho Constitucional Procesal, este tipo de procedimiento "requiere impretermitiblemente al menos un trámite legal de primer grado de jurisdicción concebido de manera tal que le asegure a los justiciables todos los medios legales adecuados para el efectivo ejercicio del derecho constitucional a la defensa (...) Admitir un

---

161 [s.S.C.C. N° 613-98] Sentencia N° 613 de la Sala de Casación Civil del 3 de agosto de 1998, ídem.

resultado opuesto al afirmado en el último párrafo que precede -esto es, sostener la validez constitucional de un proceso legal que carezca de un trámite de contradicción en el primer grado de jurisdicción (...) excluyéndosele, consecuencialmente, las posibilidades procesales de formular alegatos y promover pruebas en el primer grado de jurisdicción -primera instancia- del dicho proceso cautelar, sin duda que, según todo lo antes evidenciado, implicaría, por parte del legislativo, una restricción del contenido esencial del derecho a la defensa de los justiciables".

Salvo el escarceo judicial que acabo de narrar, hay que afirmar como indubitable el criterio admite, en forma inmediata, el Recurso de Casación en los mismos términos que lo hacen plausible en el contexto del juicio ordinario. En la primera etapa del juicio de partición, se produce un procedimiento de cognición en caso de oposición, caracterizado por la definición de cuál de las partes tiene la razón y que se concreta a través de la sentencia de mérito. Este acto judicial, formula positiva o negativamente la norma jurídica, y concluye con la declaratoria de procedencia, cuando acoge la pretensión del actor, o improcedencia, cuando la rechaza.

La sentencia de partición in comento, estableció un criterio discutible sobre la posibilidad de confesión ficta en este tipo de procedimiento; por cuanto, la supuesta confesión por falta de oposición no implica una definición anticipada de la controversia a favor del actor por la inacción de la parte demandada. Al contrario, la norma contenida en el artículo 362 del C.P.C., regulatoria del instituto, define dos parámetros fundamentales para que sea valorada la situación: a) Que la pretensión del actor no sea contraria a derecho; y b) Que el demandado no pueda probar nada que le favorezca. De esta forma, la definición de una confesión ficta tiene, como elemento adjetivo, trasladar la carga de la prueba al demandado y, como elemento sustantivo, la valoración del Juez sobre la procedencia o no de la acción, al margen de que exista un alegato que provenga del mismo demandado.

Más grave aún es sí, en lugar de ausencia absoluta de contestación, existen incertidumbres sobre la temporaneidad de la oposición. No tengo dudas en afirmar que, en tal caso, ese tema debe ser un punto previo a analizar en casación y no al contrario, rechazar la admisibilidad del Recurso, sin considerar los argumentos del recurrente, sobre la base de que no se produjo oposición. Este último criterio, infringe el derecho de defensa y al debido proceso del demandado.

También reeditó la extinta Corte Suprema de Justicia, con su Sentencia de fecha 3 de agosto de 1998 en el caso de partición entre Carmen Celia López Lugo contra Miguel Ángel Capriles Ayala [s.S.C.C. N° 613-98], a la cual ya he hecho referencia, el auto de fecha 2 de octubre de 1997, en el juicio de partición de herencia seguido por Rosa Eliette, y otro contra Katerina Korsun de Luzardo y Margaret Adriana Luzardo Korsun, en el cual se declaró que, de conformidad con el artículo 780 del C.P.C., al haber la sentencia declarado parcialmente con lugar la demanda y ordenar el emplazamiento de las partes para la designación del partidor se trataba de "una sentencia interlocutoria que no pone fin al juicio, por el contrario, éste debe continuar, como se infiere del propio dispositivo".

Se diferenció, en aquella oportunidad, entre las dos situaciones que se pueden presentar en el juicio de partición, pero en el análisis posterior se desnaturalizó la conclusión sobre la naturaleza interlocutoria de la Sentencia, al no poner fin al proceso y continuar la partición, y declarar inadmisible el recurso de casación. Esto por cuanto no puede valorarse con la misma medida una situación donde se discute la pertinencia de la contestación realizada, supuestamente fuera de lapso, de otra en la que la sentencia declara parcialmente con lugar la demanda y ordena el emplazamiento de las partes para la designación del partidor, en la que se dio una contestación que produjo la trabazón de la litis.

Al mezclar los conceptos, en forma tan extraña, se llega al absurdo de equiparar la confesión ficta, que se derive supuestamente de una contestación extemporánea, con "un convenimiento en la demanda, a un acuerdo mutuo en que prosiga la partición en cabeza de un partidor nombrado por las partes, es decir, no ha lugar a seguir el procedimiento ordinario. Pues bien, esta primera fase revestida de un principio de brevedad, no tiene apelación, y tampoco casación, porque, al no haber oposición no hay controversia que decidir y controlar, y las partes, de mutuo acuerdo prosiguen la partición nombrando un partidor. Esta situación expresada cuando no ha habido oposición es una decisión que no tiene apelación y tampoco casación". Todo esto para concluir lo que es evidente, pero sólo en el supuesto absoluto de ausencia de contestación:

> Hay dos etapas en la partición que tienen apelación y hasta casación: 1) Cuando se contesta tempestivamente la demanda y se hace oposición a la partición, se siguen los trámites por el juicio ordinario, y, 2) la situación establecida en el artículo 787 del Código de Procedimiento Civil referida a los reparos graves que hacen las partes a lo establecido por el partidor, y, como ya se dijo precedentemente, ésta es la única norma del proceso de partición que contempla la apelación en ambos efectos.

No puede confundirse un convenimiento expreso del demandado en los hechos que se relacionan en el libelo de demanda con la inversión de la carga probatoria que implica la contradicción o indeterminación de esos mismos hechos. Otra decisión determinó que, a pesar de que un tribunal de alzada consideró que la parte demandada no hizo formal oposición a la partición, por no haberse fundamentado en el artículo 778 del CPC, el hecho de realizar el demandado alegatos que contrarían la pretensión del actor origina una controversia acerca de los bienes a partir y, en consecuencia, debe tenerse por hecha la oposición. Según la

Sala, esa actitud quebranta el derecho de defensa y el debido proceso de la demandada, al no tener como efectuada la oposición hecha por ésta dentro de la oportunidad para la contestación a la demanda, limitando así la posibilidad que le otorga la ley procesal de acceder a la jurisdicción ordinaria.[162]

Se flexibiliza la valoración de efectiva oposición con base al contenido, base del rechazo en el caso Capriles, anteriormente comentado, y se acepta que "la parte demandada formuló de manera oportuna y expresa su intención de oponerse a la partición planteada"; aun cuando, no este referida expresamente a la "partición propiamente dicha, al carácter de condómino o cuota de los interesados...limitándose únicamente... a oponerse los requerimientos (sic) hechos por el actor en cuanto al valor de los bienes".[163] Repito que, de esta forma, se amplía el radio de acción del artículo 778 precitado y el efecto de abrir la fase de cognición.

---

162 [s.S.C.C. N° RC-00023-07] Sentencia N° RC-00023 de fecha 6 de febrero de 2007.

163 Sin embargo, la misma Sentencia apoya el criterio sentado en s.S.C.C. N° RC.00442-06 en la cual se sostuvo: "Así, en el procedimiento de partición, disciplinado en los artículos 777 y siguientes del Código de Procedimiento Civil, se distinguen dos etapas. La primera, contradictoria, en la que se disipa el derecho de partición y la contradicción relativa al dominio común o cuota de los bienes a partir, cuyo trámite se sigue por el procedimiento ordinario, siempre y cuando en la oportunidad de contestar la demanda hubiere oposición a dicha partición; la segunda etapa del proceso comienza con la sentencia que ponga fin a la primera fase del proceso de partición y es la partición propiamente dicha, en ella se designa un partidor quien realiza la distribución de los bienes. Ahora bien, cabe acotar, que el proceso de partición judicial puede ser de forma contenciosa o graciosa, ello se deriva del contenido de la norma rectora de dicho proceso, el artículo 778 del Código de Procedimiento Civil, cuando se prevé a las partes la oportunidad para discutir los términos de la partición haciendo oposición, sin la cual o si se presenta extemporánea, no hay controversia ni discusión y el juez debe considerar procedente la partición. Así, si no se hace uso de ese medio de defensa o se ejerce extemporáneamente, no hay controversia y el juez debe considerar ha lugar la partición".

6. Medidas cautelares que puede asumir el juez en el proceso de partición.

Existe una amplia gama de medidas cautelares que puede tomar el Juez, en el juicio de partición, con base a la disposición contenida en el artículo 779 del C.P.C., y de específicas disposiciones dependiendo del origen de la comunidad que se pretende disolver con el juicio de partición. En efecto, la norma precitada establece textualmente:

> En cualquier estado de la causa podrán las partes solicitar cualquiera de las medidas preventivas a que se refiere el Libro Tercero de este Código, incluyendo la medida de secuestro establecida en el artículo 599. El Depositario podrá ser nombrado por mayoría, por los interesados, y a falta de acuerdo lo hará el Tribunal.

No debe crearse confusión entre las medidas que pueden asumirse en este tipo de procedimiento frente a aquellas que se prevén en el caso de la protección de uno de los comuneros en la administración de los bienes comunes; como sería el caso de que alguno de los cónyuges excediera los límites de una administración regular o arriesgara con imprudencia los bienes comunes que está administrando de la comunidad conyugal. Tales situaciones podrían originar una decisión del Juez sobre "las providencias que estime conducentes a evitar aquel peligro, previo conocimiento de causa". Esta situación, en su caso extremo, puede derivar en una solicitud de separación de bienes por parte del cónyuge perjudicado. Igualmente, de conformidad con el artículo 174 del Código Civil, "demandada la separación, podrá el Juez, a petición de alguno de los cónyuges, dictar las providencias que estimare convenientes a la seguridad de los bienes comunes, mientras dure el juicio".

Uno de los aspectos más interesantes, relacionado con las medidas cautelares, está vinculado a la administración de empresas que estén afectadas por una comunidad en virtud, por ejemplo, de una sucesión. Las decisiones de los órganos societarios no pueden ser sustituidas por una decisión del Juez para que, con base a una medida cautelar, se modifiquen los mecanismos de administración o se destituyan a los propios administradores. Podría, en cambio, designarse a un funcionario judicial para que coadyuve en la administración de la empresa y vele para que los actos de disposición que afecten el patrimonio de la sociedad, y en consecuencia las expectativas de los comuneros, por vía de una medida preventiva innominada. En cuanto a los procesos de partición de los otros bienes comunes nada impide que el administrador temporal de los bienes objeto de partición sea el partidor.

Capítulo VI
La fase de partición propiamente dicha

1. Nombramiento de partidor.

La existencia de una fase de división diferenciada que ha sido definida por nuestra jurisprudencia como la etapa ejecutiva, comienza con la designación del partidor, lo que deriva de una sentencia definitiva que ponga fin a la primera etapa del proceso de partición o, simplemente, en caso de que no se produzca oposición, del subsiguiente emplazamiento de las partes para que efectúen dicho nombramiento. El texto de la exposición de motivos del Código de Procedimiento Civil lo explica:

> Se distingue claramente la situación que se produce cuando en la contestación hay oposición (Art. 780), de aquella en que no hay oposición a la partición ni discusión sobre el carácter o cuota de los interesados (Art. 778). En el primer caso, la cuestión se tramitará por el procedimiento ordinario y hasta que se resuelva el pleito que embarace la partición; sin embargo, si la contradicción fuere relativa al dominio común sobre alguno o algunos de los bienes, el asunto se sustanciará en cuaderno separado, sin impedir la división de los demás bienes cuyo condominio no es contradicho; en el segundo caso, a falta de opinión, se procederá al nombramiento del partidor. Para la mejor realización de las funciones del partidor, se establece la facultad del Juez de solicitar de las partes, los títulos y demás documentos necesarios para el cumplimiento de su misión y realizar a costa de los interesados, cuantos trabajos sean imprescindibles para llevar a cabo la partición, como levantamientos topográficos, peritajes, y otros semejantes, oída la oposición de las partes (Art. 781). Los requisitos de la partición (Art.

175

783); las dudas que puede tener el partidor (Art. 784); la revisión de la partición por los interesados (Art. 785); los reparos a ésta (Arts. 786-787) han encontrado en las disposiciones del Proyecto, soluciones ágiles y seguras, que permitirán llegar prontamente a la conclusión del procedimiento de partición.[164]

En esta etapa de liquidación o de la partición propiamente dicha se designa un partidor y se ejecutan las diligencias de determinación, valoración y distribución de los bienes del caso, de acuerdo al mecanismo pautado en el artículo 778 del C.P.C. que reza textualmente:

> En el acto de la contestación, si no hubiere oposición a la partición, ni discusión sobre el carácter o cuota de los interesados, y la demanda estuviere apoyada en instrumento fehaciente que acredite la existencia de la comunidad, el Juez emplazará a las partes para el nombramiento del partidor en el décimo día siguiente. El partidor será nombrado por mayoría absoluta de personas y de haberes. Caso de no obtenerse esa mayoría, el Juez convocará nuevamente a los interesados para uno de los cinco días siguientes, y en esta ocasión el partidor será nombrado por los asistentes al acto, cualquiera que sea el número de ellos y de haberes, y si ninguno compareciere, el Juez hará el nombramiento.

El acto de nombramiento del partidor implica el emplazamiento de las partes computándose el lapso de comparecencia desde el día de la contestación de la demanda, en el supuesto de que no se

---

164 Código de Procedimiento Civil publicado en la Gaceta Oficial Extraordinaria N° 4.209 del 18 de septiembre de 1990, por error material de la publicación original que apareció en la Gaceta Oficial Extraordinaria N° 4.196 del 2 de agosto de 1990. Consulta en https://www.oas.org/juridico/PDFs/mesicic4_ven_cod_proc_civil.pdf

produzca oposición ni discusión sobre el carácter o cuota de los interesados; al día siguiente en que el Tribunal de la causa reciba los autos, después de la sentencia definitivamente firme, cuando se opone una efectiva oposición; o al día siguiente del acto de autocomposición procesal que dirima la controversia sobre los elementos sustantivos de la comunidad.

Esta afirmación sin dejar de advertir que la redacción de las normas adjetivas que regulan el juicio de partición ocasionan dudas sobre los siguientes aspectos: a) El acto procesal con que se inicia el juicio ordinario, en caso de oposición; b) Si pueden delinearse dos actos de contestación de la demanda: el primero en el cual se produce limitación a la posibilidad de contradicción de la parte demandada y que, en el supuesto de falta de oposición, sería la única y definitiva; el segundo, en salvaguarda de la estabilidad del proceso y la seguridad jurídica, en el que la actuación de la parte demandada comprende la posibilidad de plantear aspectos formales de la demanda; c) Si, efectivamente, la parte demandada puede promover cuestiones previas o la reconvención, en la primera oportunidad procesal de contradicción, y si, eventualmente, el Juez puede interpretar esas actuaciones como el acto de oposición a la partición.

Considero que, ante las dudas que se crean por la inadecuada regulación de la fase contradictoria, lo más conveniente y recomendable sería realizar formal oposición, en el caso de que se objete la cualidad de comunero o la no inclusión de quien tenga tal carácter; la cuota de participación correspondiente a cada comunero; y la inclusión o exclusión de bienes que integran la comunidad. Esta actividad procesal, al mismo tiempo que se presenta el escrito de contestación de la demanda, más explicito en alegatos y excepciones dirigidas a objetar la solicitud de partición, tanto en el fondo como en la forma del petito formulado; además, como instrumento procesal que complementa y sostiene la oposición formulada.

2. La naturaleza de la votación dirigida a la designación del partidor.

El anterior Código de Procedimiento Civil establecía una serie de reglas para el nombramiento del Partidor, entre las que destacaba la contenida en el artículo 583 del texto derogado, en el caso de no lograrse la mayoría absoluta de votos para la elección del Partidor, en el acto convocado a tales efectos. En esta situación podía el Juez designarlo entre los candidatos que habían sido propuestos por los comuneros presentes. Ahora bien, se plantea el problema sobre la determinación de la mayoría necesaria para considerar válida la selección de los comuneros.

Existiendo norma adjetiva expresa, lo primero que debo indicar es que existe armonía con la disposición contenida en el artículo 764 del C.C. en materia de comunidad en cuanto a la valoración de los intereses participantes en la comunidad. Esto por cuanto, aunque esta norma se refiere a la administración en la comunidad y no al aspecto adjetivo, despeja cualquier incertidumbre al referirse en forma indubitada a "los intereses que constituyen el objeto de la comunidad", como ya indiqué supra. Además, coincide con el criterio adjetivo que define el nombramiento del partidor contenido en el artículo 778 del C.P.C. que impone lo siguiente:

> ...el partidor será nombrado por mayoría absoluta de personas y haberes. Caso de no obtenerse esa mayoría, el Juez convocará nuevamente a los interesados para uno de los cinco días siguientes y en esta ocasión el partidor será nombrado por los asistentes al acto, cualquiera que sea el número de ellos y de haberes, y si ninguno compareciere, el Juez hará el nombramiento.

La mayoría prevista en el artículo 583 del C.P.C. derogado no era una simple mayoría de comuneros, sino que implicaba una valoración de la participación en la cosa común o en los intereses de la comunidad, tal como fue definitivamente aclarado por el artículo 778 del instrumento procesal vigente. Esto sin dejar de anotar que, en el caso de sucesiones hereditarias, existe también la especificación de que la mayoría debe considerar a personas y haberes de conformidad con el artículo 1.076 del C.C.

Hay que destacar que pueden existir impedimentos insalvables para lograr la mayoría para la designación del partidor, tales como la equiparación de intereses sobre la cosa común de los dos únicos comuneros, lo cual se presume de acuerdo a lo pautado en el artículo 760 eiusdem; o la existencia de una comunidad conyugal que deviene en ordinaria por no haber sido liquidada en su oportunidad, ya que entre marido y mujer, si no hubiere convención en contrario, son comunes, de por mitad, las ganancias o beneficios que se obtengan durante el matrimonio; o, inclusive, la comunidad concubinaria siempre que se den los supuestos para su existencia. Queda a salvo la previsión de que puede designarse, por parte del testador o legatario, a una persona determinada y hábil para la misión de hacer la partición.

Finalmente, la impugnación del nombramiento del partidor debe efectuarse inmediatamente después a dicho nombramiento y no en la oportunidad dada por la ley en el artículo 785 del Código de Procedimiento Civil para la formulación de las objeciones y reparos a la partición.[165]

3. Facultades del Partidor.

Una vez designado el partidor, correspondería efectuar su notificación a los efectos de que manifieste la aceptación del cargo. Por no estar definidos el lapso en el cual debe comparecer el partidor y el término en que éste debe cumplir la misión encomendada por las partes, lo conveniente sería que el Juez, como director del proceso, estableciera el plazo en el auto que

---

[165] [s.S.C.C N° RC.00961-07] Sentencia N° RC.00961 del 18 de diciembre de 2007.

ordene la comparecencia. Posteriormente, previa consulta a las partes involucradas y al propio partidor, se fijaría el término para presentar las resultas del inventario y la distribución propuesta, el cual no podrá prorrogarse sino por una vez.

Cabe advertir que, en otros sistemas, el juicio de partición implica la designación previa de un inventariante que, en distintos grados de prioridad, podría ser el cónyuge sobreviviente, casado bajo el régimen de comunidad, si estaba conviviendo con el de cujus al tiempo de la muerte de éste; el heredero que administraba los bienes o una parte sustancial de éstos; el albacea testamentario o quien hubiese sido llamado como manifestación de la última voluntad del causante. Dada la confianza que debe merecer tanto el partidor como aquel a quien le corresponda realizar el inventario, considero que el Juez no puede designarlo arbitrariamente; sino que, como ya indiqué, está sujeto a la voluntad de las partes.

Con carácter previo al inicio de las funciones que se le encomiendan, el partidor puede solicitar los títulos y demás documentos que juzgue necesarios para cumplir con su misión, y realizar a costa de los interesados cuantos trabajos sean imprescindibles para llevar a cabo la partición. El artículo 781 del C.P.C. enuncia los distintos estudios que se pueden ordenar y los sujeta a la previa autorización del Juez y a la opinión de las partes para evitar el encarecimiento del proceso. Estos estudios están dirigidos a valorar los bienes, precisar la extensión y su estado al momento de la partición, y determinar la posibilidad de división sin que sea afectada su entidad económica y el fin al cual están destinados. Todo dirigido a la presentación del proyecto de partición.

4. La propuesta del partidor y las observaciones de las partes.

La propuesta que eventualmente debe presentar el partidor debe ser preparada de acuerdo a los parámetros básicos definidos con la finalización de la fase contradictoria o por la tacita voluntad de las partes que no hicieron oposición en la oportunidad correspondiente. En un primer momento, se trata de un proyecto que debe ser objeto de análisis, no es definitivo por cuanto está sujeto a las observaciones de las partes y a los parámetros que establece el artículo 783 del C.P.C., en los siguientes términos:

> En la partición se expresarán los nombres de las personas cuyos bienes se dividen, y de los interesados entre quienes se distribuyen, se especificarán los bienes y sus respectivos valores, se rebajarán las deudas; se fijará el líquido partible, se designará el haber de cada partícipe, y se le adjudicará en pago bienes suficientes para cubrirlo en la forma más conveniente, siguiendo a tal efecto las previsiones del Código Civil.

Las facultades del Juez son bastantes amplias al poder aclarar cualquier duda o incidencia que se presente, inclusive sin oír la opinión de las partes. En este sentido, Duque Sánchez afirma:

> Dudas del partidor. - El artículo 586 del Código de Procedimiento Civil se contrae a las dudas que pueden surgirle al partidor en el cumplimiento de su encargo, así como se prevé en el mismo, la manera de solucionarlas.

> Para determinar a quién incumbe su resolución -afirma Borjas- el artículo distingue dos especies de ellas, las cuales se denominan dudas de hecho y dudas de mero derecho, según se refieran a puntos o cuestiones que dependan de la voluntad de los interesados, o impliquen el conocimiento de determinados hechos no constantes de autos, o sean relativas a cuestiones jurídicas que versen sobre el procedimiento que haya de seguirse, o se refieran a hechos que consten del proceso. Supóngase, agrega el mismo autor, por ejemplo, que apareciere de los recaudos pasados

al partidor, que el de cujus hizo conjuntamente una donación a un descendiente suyo y al cónyuge de éste, el cual, aunque parece ser de la familia del donante, no consta si es también descendiente suyo; y que el partidor dude si debe considerarlo como tal y traer a colación la parte que le correspondió en la donación; o bien que dude sí, no obstante constar que no es descendiente del de cujus, deba o no traer dicha parte a colación. La primera duda será de hecho, por tratarse de un dato ignorado por él y no constante de autos; la segunda, será de mero derecho, al tenor de la disposición expresa del artículo 1.088 del Código Civil.

Cualesquiera que sean dichas dudas, el partidor deberá hacerlas presente por escrito; y el Tribunal, al proveer la solicitud, fijará día y hora, a fin de que los interesados concurran a imponerse de ellas, ora para que resuelvan lo conducente, si se tratare de una duda de hecho; o expongan su parecer, pues el Juez, antes de resolver debe oírlos cuando se trate de una duda de mero derecho.[166]

La posibilidad que tiene el partidor de plantear por escrito las dudas que le ocurrieren y del Tribunal de resolverlas, oyendo a los interesados si lo cree necesario, no puede entenderse como la revisión de las cuestiones de fondo resueltas por la sentencia de mérito. En tal sentido, no sería procedente la diferenciación entre dudas de hecho y de derecho cuando, estas últimas, fueron resueltas por la sentencia que pone fin a la etapa contradictoria y con base a la cual, el partidor, debe efectuar la división. El planteamiento admisible en caso de dudas, está referido a los bienes objeto de partición, pero nunca a la cualidad de comunero o a la cuota que le corresponda.

---

166 José Ramón Duque Sánchez, ibídem, pp. 187-188.

En el supuesto de que la parte presente observaciones que no fueren tales sino defensas de fondo o reparos que impliquen la reapertura del debate procesal propio de la primera fase del juicio, agotada por la sentencia firme con efectos de cosa juzgada que necesariamente ha debido ser dictada por el tribunal en caso de oposición, se violentaría el contenido de los artículos 272 y 273 del Código de Procedimiento Civil los cuales establecen la prohibición de reapertura de un juicio ya decidido y la inmutabilidad de la Sentencia. En este caso, el Juez debe desestimar y no abrir incidencia alguna.

La diferencia referida a los reparos ha sido trabajada in extenso por la Sala de Casación Civil, en los siguientes términos:

> Ahora bien, los artículos 786 y 787 del Código de Procedimiento Civil, disponen lo relativo a los reparos leves o graves que pueden ser opuestos por los interesados al informe de partición, los cuales no pueden referirse a lo que ha debido ser materia de la litiscontestación prevista en la primera etapa del juicio de partición. En relación a ello, la ley no señala taxativamente cuáles o qué tipo de objeciones pueden ser consideradas como reparos leves o como reparos graves, sin embargo, la doctrina ha señalado que los reparos leves, se refieren a todos aquéllos que no afectan el derecho o proporción que le correspondan a los interesados, tales como errores de trascripción de los datos de identificación de los interesados o de la ubicación, linderos y título de adquisición de los inmuebles, etc. Respecto a los reparos graves, el procesalista Ricardo Henríquez La Roche, ha señalado que son todos aquéllos que afectan el derecho o proporción que corresponde a los comuneros, tales como, adjudicaciones que no se correspondan con los derechos que al comunero le corresponden en la comunidad, exclusión de la

comunidad, etc. Ahora bien, desde el punto de vista práctico, el informe de partición puede ser simple o complejo, lo cual dependerá del patrimonio objeto de división, es decir, si está o no conformado por un universo de bienes variados y de diversa naturaleza. De manera que, si dicho patrimonio está conformado por un universo de bienes de diversa naturaleza, las posibilidades de incurrir en desviaciones que den lugar a reparos graves son mayores, ya que la labor de clasificación y formación de los lotes, la realización de los avalúos y la preservación del principio de distribución equitativa se tornan más arduas. Por el contrario, si la partición es simple los reparos oponibles se reducen en proporción a esa simplicidad. Así pues, en el caso concreto la sentencia definitiva dictada el 28 de noviembre de 1996, hace de la partición un caso sencillo puesto que se limita a ordenar la designación de partidor: "a fin de que divida los bienes objeto de la demanda acreditando a la actora la mitad de dichas acciones de compañías". De manera que en el sub iudice, en razón de la precisión del dispositivo, el partidor no podía hacer otra cosa sino adjudicar a la demandante la "mitad" de las acciones de las compañías que identifica la sentencia, como lo hizo, sin que se requiriese la realización de ningún otro trámite, avalúo, clasificación o formación de lotes o de hijuelas. Por ello, la simplicidad de la partición planteada prácticamente limita a una hipótesis concebible que no es más que, la posibilidad de que el partidor incurriese en infracciones o desviaciones que justifiquen el planteamiento de reparos. En efecto, únicamente si el partidor hubiese asignado a la demandante una cantidad de acciones superior o inferior a la mitad de las existentes (lo cual no ocurrió) procedería el planteamiento de los reparos, porque en ese caso, y sólo en ese caso, incurriría en desacato de la orden pura y simple, que contiene el dispositivo de la sentencia definitivamente firme. Hechas las anteriores consideraciones, seguidamente se verifica el contenido de los escritos presentados por los codemandados y denominados "reparos", para determinar si los mismos pueden calificarse de tales y se ajustan a la hipótesis mencionada.[167]

El Juez puede aclarar esas dudas oyendo o no a las partes, precisamente por relacionarse con los bienes que mejor que nadie ellas conocen, ya que, si se tratara de dudas de derecho que necesariamente fueron resueltas en la sentencia, no tendría sentido consulta alguna sobre tópicos que el Juez está en la obligación de conocer; y aquí existe una presunción *juris et de jure*, tal como lo a referido la Sala de Casación Social en su ámbito competencial de Niños y Adolescentes:

Del recuento efectuado en acápites anteriores, se observa que el Juzgado de la causa, mediante auto de fecha 5 de agosto de 2009, ordenó al partidor que consignara en el lapso de treinta (30) días, a partir de que constara en autos su notificación, el informe de partición tomando en consideración los valores actualizados en el informe técnico de avalúo presentado por el Ingeniero Jonh Quevedo. Asimismo, luego de consignado el informe de partición conforme a la orden dada por el Juzgado, se informó sobre el comienzo del lapso establecido en el artículo 785 del Código de Procedimiento Civil, el cual prevé la revisión por parte de los interesados respecto de la partición, habiendo la parte demandada formulado objeciones graves sobre la misma, siendo que, posteriormente ambas partes coincidieron en la necesidad de abrirse

---

167 [s.S.C.C N° RC.00961-07] Sentencia N° RC.00961 del 18 de diciembre de 2007, ya citada.

una articulación probatoria, de conformidad con el artículo 607 del Código de Procedimiento Civil, como en efecto, se realizó. Por tanto, no resultaba necesario que la parte demandada recurriese del auto aludido, en el cual sólo se dio la orden al partidor de efectuar un nuevo informe, en virtud a que de conformidad con la normativa que rige la materia, específicamente el artículo 785 del Código de Procedimiento Civil, se desprende que si existe inconformidad con el informe del partidor, las partes podrán, dentro de los diez (10) días de despacho siguientes a su consignación, realizar las observaciones o reparos que crean convenientes, y al respecto el Juez dictará decisión, pronunciándose sobre si dichos reparos son leves o graves, con las consecuencias de dicho pronunciamiento, y en caso que no se formulare objeción alguna, es que la partición quedará concluida y así lo declarará el Juzgado, siempre y cuando entre los herederos no hubiese menores, entredichos o inhabilitados, pues, de lo contario se requiere necesariamente la aprobación del Juzgado, previo un detenido examen de la partición, tal y como ha venido suscitándose en el caso bajo estudio, dado que entre las partes contendientes se encuentra involucrado un adolescente sujeto a ésta disposición especial.[168]

Lo que sí constituye un derecho de las partes es la posibilidad de solicitar al Juez que apremie al partidor al cumplimiento de su deber cuando exista retardo, en el cumplimiento de la misión que le ha fijado el Tribunal, con una multa calculada por cada día de retraso. Existe una doctrina que consolida la exposición que vengo realizando, en efecto lo primero que hace la Sala de Casación Civil es ratificar su criterio pacífico sobre las fases y opciones en el proceso de partición:

---

168 [s.S.C.S. N° 0636-12] Sentencia N° 0636 de fecha 22 de junio de 2012.

El artículo 777 acusado como infringido por falta de aplicación, establece que el juicio de partición se promoverá por los trámites del juicio ordinario; ahora bien, eso en los casos en los que existan discrepancias o no haya acuerdo sobre el grupo de bienes que componen la comunidad a partir.

Ahora bien, la jurisprudencia de este Alto Tribunal ha establecido que dicho juicio se divide en dos (2) etapas: 1.- La contenciosa que es la que se tramita por la vía del juicio ordinario y sucede en los casos en los que en la contestación de la demanda se presenten discrepancias sobre el carácter o cuota de los interesados o se hiciere oposición a la partición. 2.- La etapa en la que, no habiendo oposición a la partición el juez declarará que ha lugar a ella y se procede al nombramiento del partidor, esta fase se considera de jurisdicción voluntaria.

En el sub iudice, visto que había acuerdo sobre un grupo de los bienes que integraban la comunidad conyugal, respecto a éstos se procedió al nombramiento del partidor, tal como lo establece el artículo 778 del Código de Procedimiento Civil, asimismo, con respecto a aquellos bienes sobre los que no hubo acuerdo, se infiere de los autos que, se procedió a tramitar su división por la vía del juicio ordinario.

Entonces, sobre ese grupo de bienes donde no hubo oposición y se procedió al nombramiento del partidor, una vez presentado por este su informe, la demandada realizó reparos a este documento, caso en el que se abren dos (2) posibilidades: a) que los reparos sean leves, aquellos que se refieren a errores materiales o de identificación, caso en el que el juez recomendará al partidor corrija los mismos. b) Si son reparos de la especie considerada grave que son aquellos que pudieran causar una lesión que amerita un proceso de conocimiento exhaustivo y dar lugar hasta la rescisión de la partición, en ese supuesto el juez mandará a reformarla y, luego de cumplido esto, se considerará concluida la partición.[169]

5. Incidencias vinculadas a la presentación del informe del partidor.

Entonces, ante la presentación del informe, las partes tienen el derecho de concurrir, dentro de los diez días siguientes, a presentar sus reparos, lo que abre tres hipótesis factibles:

a) De no formularse objeción la partición quedará concluida y así lo declarará el Tribunal. Si entre los comuneros hubiese menores, entredichos o inhabilitados será necesaria la aprobación del Tribunal, previo un detenido examen de la partición.

b) En el caso de reparos leves y fundados el Juez ordenará al partidor que haga las rectificaciones convenientes; y, verificadas, aprobará la partición. Aquí cabe advertir que el Juez es el que valora el fundamento del reparo opuesto y la modificación que haga el partidor en la rectificación.

c) En el caso de reparos graves, el Juez emplazará a los interesados y al partidor para una reunión conciliatoria para producir un acuerdo sobre los aspectos controvertidos. Si éste se logra, el Juez aprobará la partición con las rectificaciones convenidas. Si no se llega a acuerdo, el Juez decidirá sobre los reparos presentados dentro de los diez días siguientes a la reunión conciliatoria.

---

169   [s.S.C.C. N° RC.000017-12] Sentencia N° RC.000017 de fecha 23 de enero de 2012.

En la misma Sentencia N° RC.000017 del 23 de enero de 2012 la Sala de Casación Civil desarrolla el tema de la potestad del Juez ante la reacción de las partes:

> En el sub iudice, dada las observaciones opuestas al informe del partidor, el juez de la causa estimó procedente abrir una incidencia a fin de que los litigantes aportaran los elementos probatorios suficientes que permitieran aclarar las dudas y los motivos de oposición de la demandada y, como corolario de ello, visto, como lo afirmó el a quo, que la accionada no logró demostrar la veracidad de los alegatos en los que fundamentó sus reparos, decidió, declararlo de esta manera en su sentencia, la que una vez apelada y llevada a conocimiento del superior, éste confirmó.

> De los razonamientos expuestos concluye la Sala que el ad quem no estaba obligado a observar ningún procedimiento en atención a la partición y a los reparos que opuso la accionante ya que, él lo que hubiese podido hacer, si la apelante en su oportunidad así lo hubiera solicitado y fuera procedente, era reponer la causa al estado de que el juez del mérito resolviera lo conducente. Consecuencia de lo anotado conlleva a establecer que la alzada no dejó de aplicar los artículos 12 y 777 del Código de Procedimiento Civil. Así se declara.

> En el caso bajo decisión, se advierte que ambas instancias consideraron que los reparos opuestos por la demandada, son leves y que aun así el ad quem estimó que la accionada no logró probar la veracidad de los mismos, vale decir, no se fundamentó su procedencia, requisito exigido a tenor del artículo 786 del Código de Procedimiento Civil.

Así mismo acusa la recurrente la infracción de los artículos 12 y 777 del Código de Procedimiento Civil por falta de aplicación; ahora bien, de los razonamientos expuestos, se debe concluir que la alzada no infringió tales normas ya que, resolvió sobre lo alegado y probado y sólo sobre lo alegado y probado en autos, asimismo, al no haber discusión sobre un grupo de bienes pertenecientes a la comunidad conyugal, procedió a ordenar el nombramiento del partidor, vale decir, se produjo aquí la segunda etapa del procedimiento de partición, por lo que el ad quem no incurrió en falta de aplicación del artículo 777 eiusdem.

En relación a la denuncia de infracción por falsa aplicación de los artículos 786 y 787 del Código Adjetivo Civil, advierte la Sala que ellos prevén el procedimiento a seguir en el caso en que los litigantes opongan reparos, leves o graves, al informe del partidor. En el sub iudice el ad quem estimó que lo señalado por la demandada no podría considerarse como reparos ni leves ni graves, ya que: "...no obstante, a criterio de esta alzada, los reparos formulados por la demandada no encajan propiamente en la categoría de leves, tampoco encajan en la categoría de reparos graves consagrados en el artículo 787 eiusdem, que se refieren al menoscabo del derecho del comunero, o a la desmejora o disminución en el derecho que posee en la comunidad, ya que como se señalara anteriormente, de ser cierto que los bienes que le fueron adjudicados a la demandada fueron sobrevaluados, tuvo la posibilidad de que se invirtieran las adjudicaciones efectuadas por el partidor, tal como le fue ofrecido por la actora..."

De lo que se deduce que lo que consideró la alzada fue que los reparos opuestos al no haber sido debidamente fundamentados por lo que no podrían calificarse como reparos leves, y ante la objeción de la recurrente de que los bienes que se le había adjudicado tenían un valor menor al que se les había señalado, ello hubiese podido solucionarse aceptando aquella el ofrecimiento del demandante de otorgarle a ella los bienes que en un principio le habían sido asignados a él.[170]

Esta incidencia, en el proceso de partición, podría sugerir que la fase contradictoria no culmina con la sentencia de la primera etapa. Al contrario, la partición propiamente dicha, por vía de la revisión de la última decisión que decida los reparos, contra la cual cabe el recurso de apelación en ambos efectos, puede ser objeto del Recurso de Casación.

6. Diseño y contenido del informe del partidor.

A pesar de que la regulación prevista en el artículo 783 del C.P.C. pretende orientar el contenido del informe del partidor, la Ley adjetiva no diseña un modelo que deba ser seguido por estos liquidadores de la comunidad. El sentido del instituto y mi propia experiencia profesional en el área, me hace proponer las siguientes especificaciones y componentes:

6.1 Aspectos Generales.

En este Capítulo se debe señalar la causa de la comunidad y la cuota que corresponda a cada comunero con base a la parte dispositiva de la sentencia de mérito o al acto de autocomposición procesal. Se debe abrir el informe con la enumeración de los

---

170 *Idem.*

parámetros definidos en la primera fase del proceso.

6.2 Inventario.

Se debe hacer la relación completa e individualizada de todos los bienes de la comunidad describiendo:

a) Los inmuebles, con las especificaciones de situación, extensión, límites, origen de los títulos y gravámenes que los afecten;
b) Los muebles con sus signos, señales y particularidades;
c) Los semovientes, su número, especies, marcas y señales distintivas;
d) El dinero, las joyas y demás objetos de valor, declarando su cualidad, peso e importancia; e) Los títulos, acciones y demás valores, mencionado número y fecha;
e) Las deudas activas y pasivas, indicando fechas, origen de la obligación y los nombres de acreedores y deudores; y g) El valor de cada uno de los bienes que conforman la comunidad.

6.3 Identificación de los comuneros y adjudicación.

La individualización de los comuneros mediante apartados, y cartillas que servirán de anexos, en los que se señale el nombre del adjudicatario, la cuota que le corresponda y la definición de los bienes con los cuales quedan satisfechos sus derechos.

6.4 Capítulo complementario.

Propongo un capítulo Complementario en el que se señalen el monto de los gastos causados por la partición, los estudios realizados, las reglas técnicas aplicadas y las aclaratorias que se consideren necesarias.

Por supuesto, esta sugerencia solo pretende aproximar, en forma pedagógica, a un proyecto que cumpla con el objetivo impuesto al partidor de forma que se manifieste la realidad económica de la comunidad y la justeza de la adjudicación de bienes a los integrantes de la misma. Se trata de un proceso que, además de la necesaria capacidad técnica, debe revelar la misión de preservar la relación armónica entre las partes. La visión que tengo sobre la resolución de estas controversias resalta el lado humano que debe orientar el trabajo profesional de los que intervienen y que, en mi experiencia, tiene más peso que el propio derecho que se aplica.

Notas de Referencia

1. NORMATIVA CITADA

Constitución de la República Bolivariana de Venezuela, con la Enmienda N° 1 aprobada mediante Referendo Constitucional de fecha 15 de febrero de 2009, anunciada en Gaceta Oficial N° 39.124 del 19 de febrero de 2009 y publicada en Gaceta Oficial N° 5.908 Extraordinario de esta misma fecha). Modificó la Constitución de la República Bolivariana de Venezuela de 1999, publicada en la Gaceta Oficial N° 36.680, de fecha 30 de diciembre de 1999, reimpresa por error del ente emisor y publicada en la Gaceta Oficial Extraordinaria N° 5.453 del 24 de marzo de 2000.publicada en la Gaceta Oficial N° 36.860 del 30 de diciembre de 1999.

Ley Orgánica del Tribunal Supremo de Justicia, publicada en la Gaceta Oficial de la República Bolivariana de Venezuela N° 6.684 Extraordinario, del miércoles 19 de enero de 2022

Código de Procedimiento Civil, publicado el 2 de agosto de 1990, como consta de la Gaceta Oficial de la República de Venezuela N° 34.522, y Extraordinaria N° 4.196.

Código de Comercio, publicado en Gaceta Oficial N° 472 Extraordinario del 21 de diciembre de 1955.

Código Civil, publicado en la Gaceta Oficial Extraordinaria N° 2.990 del 26 de julio de 1982.

Decreto N° 8.921, mediante el cual se dicta el Decreto con Rango, Valor y Fuerza de Ley de Reforma Parcial de la Ley del Seguro Social, publicado en la Gaceta Oficial N° 39912 de fecha de 30 abril de 2012. Ley del Seguro Social, publicado en la Gaceta Oficial N° 4.322 Extraordinario del 3 de octubre de 1991.

Ley Orgánica de la Jurisdicción Especial de la Justicia de Paz Comunal, sancionada por la Asamblea Nacional y publicada en la Gaceta Oficial N° 39.913 del 2 de mayo de 2012.

Ley sobre Procedimientos Especiales en Materia de Protección Familiar de Niños, Niñas y Adolescentes, publicada en la Gaceta Oficial N° 39.570 del 9 de diciembre de 2010.

Ley Orgánica de Registro Civil publicada en Gaceta Oficial N° 39.264 del 15 de septiembre de 2.009.

Decreto Constituyente mediante el cual se dicta el Código Orgánico Tributario publicado en la Gaceta Oficial Extraordinaria N° 6.507 del 29 de enero de 2020 que derogó el Decreto con Rango, Valor y Fuerza de Ley del Código Orgánico Tributario publicado en la Gaceta Oficial N° 6.152 Extraordinario de 18 de noviembre de 2014; el cual, a su vez, había derogado al Código Orgánico Tributario, publicado en Gaceta Oficial N° 37.305 del 17 de octubre de 2001.

Ley de Reforma del Decreto con Rango, Valor y Fuerza de Ley de la Actividad Aseguradora. Publicada en la Gaceta Oficial Extraordinaria N° 6.770 de fecha 29 de noviembre de 2023.

Ley de Reforma Parcial de la Ley de Cajas de Ahorro, Fondos de Ahorro y Asociaciones de Ahorro Similares, publicada en la Gaceta Oficial N° 39553 del 16 de noviembre de 2010. Modificó la Ley de Cajas de Ahorro, Fondos de Ahorro y Asociaciones de Ahorro Similares, publicada en la Gaceta Oficial N° 38.286 del 04 de octubre de 2005.

Ley de Hipoteca Mobiliaria y Prenda Sin Desplazamiento de la Posesión, publicada en la Gaceta Oficial N° E-1.575 del 4 de abril de 1973.

Ley de Reforma Parcial del Decreto N° 1506, con Fuerza de Ley de Comercio Marítimo, publicada en la Gaceta Oficial N° 38.351 de fecha 5 de enero del 2006.

Decreto N° 1.445, mediante el cual se dicta el Decreto con Rango, Valor y Fuerza de Ley de Marinas y Actividades Conexas, publicado en la Gaceta Oficial Extraordinaria N° 6.153 de fecha 18 de noviembre de 2014.

Código Civil Alemán (BGB) según versión oficial del 2 de enero de 2002 (BGB. I p. 42, ber. p. 2909, 2003 p. 738), modificada por última vez por la ley del 22 de diciembre de 2023 (BGBI. I p. 41, mWv 1° de enero de 2024).

Reglamento General de la Ley del Seguro Social, publicado en la Gaceta Oficial de la República de Venezuela N° 35.302, de fecha 22 de septiembre de 1993.

2. EDICIÓN DE FUENTES QUIRITARIAS FUNDAMENTALES.

I. Iustiniani Digestae. Versión de Theodor Mommsen y Paul Krüger. Edición berlinesa originaria del año 1882. Existen varias ediciones bilingües [latín-español]; entre ellas, la preparada por Ildefonso L. García del Corral, bajo la denominación Cuerpo del derecho civil romano, Barcelona, 1889; la de Arangio Ruiz-Guarino denominada Brevarium juris romani, Milán, 1943, contiene, además, las Instituciones de Gayo; y la versión castellana de A. D´Ors, Digesto de Justiniano, Pamplona, 1975.

II. Iustiniani Institutiones. Editada por Paul Krueger y el mismo Momsem, originariamente en Berlin 1872, con la reedición de 1954. Adicionalmente, traducida al castellano, Instituciones de Justiniano, en edición bilingüe [latín-español], incluyendo un comentario sobre Justiniano y las Institutas elaborado por M. Ortolán, profesor de la Universidad de París, editadas en Bogotá, en el año 2006. Igualmente, se incluyen en la compilación de García del Corral, ya citada.

III. Codex Iustinianus. En similar trabajo de edición de Paul Krüger. Originariamente, en Berlin, 1877.

IV. Gai Institutionum Commentarius. La clásica traducción del profesor Alvaro D'Ors Pérez Peix, editada en Madrid, el año 1943; la de Studemund y P. Krüger, editada en Berlin, el año 1923; Julio Ortiz Marquez escribió sus Comentarios a las Instituciones de Gayo, edición hecha en Bogotá: Ediciones Rosaristas, 1985, sobre la base de la traducción de Alvaro D'Ors.

V. Pauli sententiae. La traducción parcial de las sentencias de Paulo [Iulii Pauli, Sententiarum ad filium, Liber Primus, Interpretatio] se consiguen en una edición bilingüe. responsabilidad conjunta del Instituto de Investigaciones Filológicas y el Instituto de Investigaciones Jurídicas de la Universidad Nacional Autónoma de México, en el año 1987.

2. SENTENCIAS DEL TRIBUNAL SUPREMO DE JUSTICIA.

2.1. POSTERIORES A LA INSTALACIÓN DEL TSJ EN EL AÑO 2000.

AÑO 2000

[s.S.C.C. N° 331-00] Sentencia N° 331 de fecha 11 de octubre de 2000, con ponencia de Carlos Oberto Vélez. Caso: Recurso de Casación en el juicio incoado por Víctor José Taborda Masroua, Joel Enrique Taborda Masroua y Yanira Carmen Taborda Masroua contra Isabel Enriqueta Masroua de Taborda y Yhajaira Taborda Masroua. En el expediente N° 99-1023. JUICIO DE PARTICIÓN. FASES O ETAPAS.

http://www.tsj.gov.ve/decisiones/scc/Octubre/331-111000-RC991023.htm

[s.S.C.C. N° RC.00405-03] Sentencia N° RC.00405 de fecha 8 de agosto de 2003, con ponencia de Franklin Arrieche. Caso: Juicio de Margen de Jesús Blanco Rodríguez contra Inversiones y Gerencias Educacionales, C.A. (INGECA) y Otros. En el expediente N° 01-954. CITACIÓN POR EDICTOS.

http://www.tsj.gov.ve/decisiones/scc/Agosto/RC-00405-080803-01954.htm

[s.S.C.C. N° RC-2687-01] Sentencia N° RC-2687 de fecha 17 de diciembre de 2001, con ponencia de Jesús E. Cabrera Romero. Caso: Acción de Amparo incoada por Julio Carías Gil. En el expediente N° 00-3070. PARTICIÓN.

http://www.tsj.gov.ve/decisiones/scon/
Diciembre/2687-171201-00-3070%20.ht

AÑO 2001

[s.S.C.C. N° 132-01] Sentencia N° 132 de fecha 22 de mayo de 2001, con ponencia de Carlos Oberto. Caso: Juicio por interdicto restitutorio seguido por Jorge Villasmil Davila contra la sociedad de comercio que se distingue con la denominación mercantil Meruvi De Venezuela C.A. En el expediente N° AA20-C-2000-000449. http://www.tsj.gov.ve/decisiones/scc/Mayo/RC-0132-220501-00449.htm

[s.S.C.S. N° 327-01] Sentencia N° 327 dictada por la Sala de Casación Social el 29 de noviembre de 2001, con ponencia de Omar Mora. Caso: Querella interdictal de amparo seguida por Luis Molina Meléndez contra Emiro Antonio Molina Meléndez. En el expediente N° R.C. N° AA60-S-2001-000475.

http://www.tsj.gov.ve/decisiones/scs/Noviembre/c327-291101-01475.htm

AÑO 2002

[s.S.C. N° 1367-02] Sentencia N° 1367 de fecha 26 de junio de 2002, con ponencia de José M. Delgado Ocando. Caso: Acción de Amparo incoada por Rafael Chavero. En el expediente N° 00-3205. PARTICIÓN

http://www.tsj.gov.ve/decisiones/scon/
Junio/1367-260602-00-3205.htm

[s.S.C. N° 2631-03] Sentencia N° 2631 de fecha 30 de septiembre de 2003, con ponencia de Antonio García García. Caso: Acción de Amparo incoada por María Yibirín Briceño y otros. En el expediente N° 03-2025. CITACIÓN POR EDICTOS.

http://www.tsj.gov.ve/decisiones/scon/
Septiembre/2631-300903-03-2025.htm

AÑO 2003

[s.S.C.C. N° RC.00637-03] Sentencia N° RC.00637 de fecha 3 de octubre de 2003, con ponencia de Tulio Alvarez Ledo, caso: Recurso de Casación en el juicio incoado por Darcy Josefina Ruiz Molina de Chaves y otro contra Multimetal, C.A. En el expediente N° 01-480. LEGITIMACIÓN COMUNIDAD.

http://historico.tsj.gob.ve/decisiones/scc/octubre/RC-00637-031003-01480.HTM

AÑO 2004

[s.S.C.C. N° 00079-04] Sentencia de la Sala de Casación Civil N° RC.00079 de fecha 25 de febrero de 2004, con ponencia de Franklin Arrieche, en el juicio de Mery Josefina Pacheco Rivero contra Zoraida Pacheco Rodríguez y otra. En el expediente N° 03-375. CITACIÓN POR EDICTOS.

http://www.tsj.gov.ve/decisiones/scc/Febrero/RC-00079-250204-03375%20.htm

[s.S.C.C. N° RC.00175-04] Sentencia N° RC.00175 de fecha 11 de marzo de 2004, con ponencia de Franklin Arrieche Gutiérrez. Caso: Recurso de Casación en el juicio incoado por Centro Clínico San Cristóbal Hospital Privado, C.A. contra Pedro Gerardo Medina Carrillo y Otro. En el expediente N° 03-628. REPRESENTACIÓN SIN PODER.

http://www.tsj.gov.ve/decisiones/scc/Marzo/RC-00175-110304-03628.htm

[s.S.C.C. N° RC.00736-04] Sentencia N° RC.00736 de fecha 27 de julio de 2004, con ponencia de Tulio Álvarez Ledo. Caso: Recurso de Casación en el juicio incoado por Rebeca Josefina Escalante de Arreaza y otro contra Eloisa Margarita Escalante Domínguez y otra. En el expediente N° 03-816.

http://www.tsj.gov.ve/decisiones/scc/Julio/RC-00736-270704-03816.htm

AÑO 2005

[s.S.C.C. N° RC-00383-07] Sentencia N° RC-00383 de fecha 31 de mayo de 2007, con ponencia de Antonio Ramírez Jiménez. Caso: Juicio de Berta Rolo de Rodríguez y otros contra Ángel Felipe Rodríguez Castro y Otros. En el expediente 06-697. JUICIO DE PARTICIÓN.

http://www.tsj.gov.ve/decisiones/scc/Mayo/RC-00383-310507-06697.htm

[s.S.C. N° 1.682-05] Sentencia N° 1.682 de fecha 15 de julio de 2005, con ponencia de Jesús E. Cabrera Romero. Caso: Recurso de Interpretación intentado por Carmela Manpieri Giuliani. En el expediente N° 04-3301. UNIONES ESTABLES DE HECHO – CONCUBINATO.

http://www.tsj.gov.ve/decisiones/scon/Julio/1682-150705-04-3301.htm

[s.S.C. N° 00716-05] Sentencia N° RC.00716 de fecha 7 de noviembre de 2005, con ponencia de Isbelia Josefina Pérez Velásquez, en el juicio de Sucesión de Ibrahim Vides Cordro contra Roberto Félix Martínez Rodríguez. En el expediente N° : 05-486. CITACIÓN POR EDICTOS.

http://www.tsj.gov.ve/decisiones/scc/Noviembre/RC-00716-071105-05036.htm

AÑO 2006

[s.S.C.C. N° RC.00442-06] Sentencia N° RC.00442 de fecha 29 de junio de 2006, con ponencia de Isbelia Josefina Pérez Velásquez. Caso: Recurso de Casación en el juicio incoado por Leidys del valle Rivas López contra Digna Concepción Zuleta de Pérez. En el expediente N° 06-098. PARTICIÓN ETAPAS DEL PROCEDIMIENTO.

http://www.tsj.gov.ve/decisiones/scc/Junio/RC-00442-290606-06098.htm

AÑO 2007

[s.S.C.C. N° RC-00023-07] Sentencia N° RC-00023 de fecha 6 de febrero de 2007, con ponencia de Yris Armenia Peña Espinoza. Caso: Juicio de Pablo Policarpio Flores Valera contra Ivón Chinea González. En el expediente N° 06-685. JUICIO DE PARTICIÓN.

http://www.tsj.gov.ve/decisiones/scc/Febrero/RC-00023-060207-06685.htm

[s.S.C.C. N° RC-00371-07] Sentencia N° RC-00371 de fecha 30 de mayo de 2007, con ponencia de Yris Armenia Peña Espinoza. Caso: Juicio de Arcángel Mora contra Ana Ramona Mejías Ruíz. En el expediente 06-815. PARTICIÓN Y LIQUIDACIÓN DE COMUNIDAD CONCUBINARIA

http://www.tsj.gov.ve/decisiones/scc/Mayo/RC-00371-300507-06815.htm

[s.S.C.C. N° RNyC-00510-07] Sentencia N° RNyC-00510 de fecha 10 de julio de 2007, con ponencia de Antonio Ramírez Jiménez, en el juicio de Dolores Morante Herrera contra Domingo Antonio Solarte y Otro. En el Expediente N° 03-1003.

http://historico.tsj.gob.ve/decisiones/scc/julio/RNYC-00510-100707-031003.HTM

[s.S.C.C. N° RC-00837-07] Sentencia N° RC-00837 de fecha 13 de noviembre de 2007 con ponencia de Yris Armenia Peña Espinoza. Caso: Recurso de Casación en el juicio incoado por Carmen Mannello Ortega contra Sans Gene, C.A. En el expediente N° 07-405. REPRESENTACIÓN SIN PODER.

http://www.tsj.gov.ve/decisiones/scc/Noviembre/RC-00837-131107-07405.htm

[s.S.C.C N° RC.00961-07] Sentencia N° RC.00961 del 18 de diciembre de 2007, con ponencia de Yris Peña, Caso: Juicio de Carmen Cecilia López Lugo contra Magaly Cannizzaro de Capriles y Otros. En el expediente N° Expediente: 02-524 ACC. PARTICIÓN.

http://www.tsj.gov.ve/decisiones/scc/Diciembre/RC-00961-181207-02524%20ACC.htm

[s.S.C. N° 429-09] Sentencia N° 429 de fecha 28 de abril de 2009, con ponencia de Francisco Antonio Carrasquero López. Caso: Solicitud de Revisión incoado por Mireya Cortel e Ismael Jiménez Velásquez. En el expediente N° 08-0642. REPRESENTACIÓN SIN PODER.

http://www.tsj.gov.ve/decisiones/scon/Abril/429-28409-2009-08-0642.html

[s.S.C. N° 1176-09] Sentencia N° 1.176 de fecha el 12 de agosto de 2009, bajo la ponencia de Pedro Rondón Haz, en el caso de un recurso de revisión vinculado a Leonardo Antonio Pérez Mondragón y otro. En el expediente N° 08-0885. REPOSICIÓN INUTIL.

http://www.tsj.gov.ve/decisiones/scon/Agosto/1176-12809-2009-08-0885.html

[s.S.C. N° 1193-09] Sentencia N° 1193 de fecha 30 de septiembre de 2009, con ponencia de Luisa Estella Morales Lamuño. Caso: Solicitud de Revisión presentada por Elliot Godoy Codrington. En el expediente N° 09-0054. CITACIÓN.

http://www.tsj.gov.ve/decisiones/scon/
Septiembre/1193-30909-2009-09-0054.html

AÑO 2010

[s.S.C.C. N° RC.000515-10] Sentencia N° RC.000515 de fecha 16 de noviembre de 2010, con ponencia de Luis Antonio Ortiz Hernández. Caso: Recurso de Casación en el juicio incoado por Guillermo Segundo Castro Barrios contra Francisco Antonio González Ruíz. En el expediente N° 10-221. http://www.tsj.gov.ve/decisiones/scc/Noviembre/RC.000515-161110-2010-10-221.html.

AÑO 2011

[s.S.C.C. N° 28-11] Sentencia N° 28 de fecha 28 de enero de 2011, con ponencia de Luis Antonio Ortiz Hernández. Caso: Recurso de Casación en el juicio incoado por Maratum, C.A. contra Antonio José Rodríguez Díaz. En el expediente N° 10-291. RENDICIÓN DE CUENTAS Y ENRIQUECIMIENTO SIN CAUSA.

http://www.tsj.gov.ve/decisiones/scc/Enero/RC.000028-28111-2011-10-291.html

[s.S.C.C. N° RC.000448-11] Sentencia N° RC.000448 de fecha 30 de noviembre de 2011, con ponencia de Antonio Ramírez Jiménez. Caso: Recurso de Casación en el juicio incoado por Raffaele Napolitano Giogiano y Otros contra Inversiones Ciampi, C.A. En el expediente N° 10-580. PARTICIÓN.

http://www.tsj.gov.ve/decisiones/scc/Septiembre/RC.000448-30911-2011-10-580.html

AÑO 2012

[s.S.C.C. N° RC.000017-12] Sentencia N° RC.000017 de fecha 23 de enero de 2012, con ponencia de Carlos Oberto Vélez. Caso: Recurso de Casación en el juicio incoado por Luciano Segundo Cenci Entralgo contra Margarita Pérez Morenno. En el expediente N° 10-660. PARTICIÓN DE BIENES COMUNIDAD CONYUGAL.

http://www.tsj.gov.ve/decisiones/scc/Enero/RC.000017-23112-2012-10-660.html

[s.S.C.C. N° RC.000272-12] Sentencia N° RC.000272 de fecha 27 de abril de 2012, con ponencia de Carlos Oberto Vélez. Caso: Recurso de Casación en el juicio incoado por Franca Silva contra Alberto Enrrique Sierra. En el expediente N° 11-535. PARTICIÓN

http://www.tsj.gov.ve/decisiones/scc/Abril/RC.000272-27412-2012-11-535.html

[s.S.C.S. N° 292-12] Sentencia N° 292 de fecha 10 de abril de 2012, con ponencia de Alfonso Rafael Valbuena Cordero, caso: Juicio que por solicitud de separación de cuerpos y bienes siguen los ciudadanos JOHAN JESÚS RESTREPO CONTRERAS y MÓNICA PAOLA URDANETA RINCÓN. En el expediente N° 10-1547.

http://historico.tsj.gob.ve/decisiones/scs/abril/0292-10412-2012-10-1547.HTML

[s.S.C.C. N° RC.000406-12] Sentencia N° RC.000406 de fecha 8 de junio de 2012, con ponencia de Carlos Oberto Vélez. Caso: Recurso de Casación en el juicio incoado por Martha Teresa Manciny Marval contra José Jesús Abreu Ortiz. En el expediente N° 12-099. PARTICIÓN DE COMUNIDAD DERIVADA DE UNIÓN NO MATRIMONIAL.

http://www.tsj.gov.ve/decisiones/scc/Junio/RC.000406-8612-2012-12-099.html

[s.S.C.S. N° 0636] Sentencia N° 0636 de fecha 22 de junio de 2012, con ponencia de Omar Alfredo Mora Díaz. Caso: Recurso de Casación en el juicio incoado por María Esperanza Núñez de Toro y otros contra Greis María Briceño en representación de su menor hijo. En el expediente N° 11-374. PARTICIÓN.

http://www.tsj.gov.ve/decisiones/scs/
Junio/0636-22612-2012-11-374.html

[s.S.C. N° 1099-12] Sentencia N° 1099 de fecha 25 de julio de 2012, con ponencia de Juan José Mendoza Jover. Caso: Solicitud de Revisión formulada por Evelyn Nancy Welinoff Klaus. En el expediente N° 12-0040. PARTICIÓN.

http://www.tsj.gov.ve/decisiones/scon/
Julio/1099-25712-2012-12-0040.html

[s.S.C. N° 1.235-12] Sentencia N° 1.235 de fecha 14 de agosto de 2012, con ponencia de Carmen Zuleta De Merchan, caso: Ana Victoria Uribe Flores, actuando en representación de su hijo Jonathan Jesús Uribe, presentó solicitud de revisión de la sentencia N° 0438 dictada por la Sala de Casación Social el 11 de mayo de 2010. En el expediente N° 10-0831. PRUEBA DE LA FILIACIÓN

http://historico.tsj.gob.ve/decisiones/scon/
agosto/1235-14812-2012-10-0831.HTML

AÑO 2013

[s.S.C. N° 1.346-13] Sentencia N° 1.346 de fecha 16 de octubre de 2013, con ponencia de Francisco Antonio Carrasquero López, caso: Acción de Amparo incoada por Ysmar del Valle Vizcaino de Silva. En el expediente N° 13-0462.

http://historico.tsj.gob.ve/decisiones/scon/
octubre/157497-1346-161013-2013-13-0462.HTML

AÑO 2014

[s.S.C.C N° 201-14] Sentencia N° RC.000201 de fecha 3 de abril de 2014, con ponencia de Yraima Zapata Lara, caso: Declaratoria de separación de cuerpos y de bienes, y posterior conversión en divorcio, intentado por ANTONIO GURUCEAGA contra la ciudadana MARIELA PAVÁN DE GURUCEAGA. En el expediente N° 13-547.

http://www.tsj.gob.ve/decisiones/scc/abril/162696-RC.000201-3414-2014-13-547.HTML

[s.S.C. N° 446-14] Sentencia N° 446 de fecha 15 de mayo de 2014, con ponencia de Arcadio Delgado Rosales, caso: Solicitud de revisión constitucional planteada por Víctor José de Jesús Vargas Irausquín, de la sentencia identificada como AVC.000752, dictada y publicada por la Sala de Casación Civil del Tribunal Supremo de Justicia el 9 de diciembre de 2013. Se fija el carácter vinculante el criterio respecto al artículo 185-A del Código Civil En el expediente N° 14-0094.

http://www.tsj.gov.ve/decisiones/scon/mayo/164289-446-15514-2014-14-0094.HTML

[s.S.C.C. N° 712-14] Sentencia N° RC.000712 de fecha 17 de noviembre de 2014, con ponencia de Yris Armenia Peña Espinoza, caso: Solicitud de separación de cuerpos y bienes hecha por los cónyuges MIRNA BERENICE DÍAZ CORNWAL y JOSÉ FRANCISCO ARATA IZQUIEL. En el expediente N° 13-735. SEPARACIÓN DE CUERPOS A TRAVÉS DE APODERADOS.

http://www.tsj.gov.ve/decisiones/scc/noviembre/171633-RC.000712-171114-2014-13-735.HTML

AÑO 2015

[s.S.C.C. N° RC.000515-10] Sentencia N° RC.000515 de fecha 16 de noviembre de 2010, con ponencia de Luis Antonio Ortiz

Hernández. Caso: Recurso de Casación en el juicio incoado por Guillermo Segundo Castro Barrios contra Francisco Antonio González Ruíz. En el expediente N° 10-221. ACCIÓN INTERDICTAL.

http://www.tsj.gov.ve/decisiones/scc/Noviembre/RC.000515-161110-2010-10-221.html

[s.S.C. N° 693-15] Sentencia N° 693 de fecha 2 de junio de 2015, con ponencia de Carmen Zuleta de Merchan, caso: Solicitud de Revisión formulada por Francisco Anthony Correa Rampersad. En el expediente N° 12-1163. http://historico.tsj.gob.ve/decisiones/scon/junio/178096-693-2615-2015-12-1163.HTML

[s.S.C. N° 1.710-15] Sentencia N° 1.710 de fecha 18 de diciembre de 2015, con ponencia de Carmen Zuleta De Merchan, caso: Solicitud de Revisión formulada por Marión Christine Carvallo de Scardino en el juicio de divorcio que instauró Francisco Pablo Nicolás Scardino Pelino contra la solicitante. Sentencia de la Sala Constitucional que reconoce la competencia de los tribunales de municipio, en aquellas circunscripciones judiciales donde no existan jueces y juezas de paz comunal, para conocer y decidir solicitudes de divorcio por mutuo consentimiento, conforme a lo dispuesto en el artículo 8 de la ley orgánica de la jurisdicción especial de la justicia de paz comunal. En el expediente N° 15-1085.

http://historico.tsj.gob.ve/decisiones/scon/Diciembre/184156-1710-181215-2015-15-1085.HTML

AÑO 2016

[s.S.C.C. N° 635-16] Sentencia N° 635 de fecha 25 de octubre de 2016, con ponencia de: Francisco Ramón Velázquez Estévez, caso: En el juicio por partición de herencia, incoado por la ciudadana Patricia Isabel Hernández Infante. En el expediente N° 2015-000564. DERECHOS ADQUIRIDOS POR TERCEROS EN LA SUCESIÓN.

historico.tsj.gob.ve/decisiones/scc/octubre/191295-
RC.000635-251016-2016-15-564.HTML

[s.S.C.C. N° RC.000707-16] Sentencia N° RC.000707 de fecha
8 de noviembre de 2016, con ponencia de Guillermo Blanco
Vázquez, caso: FRANA, C.A. contra ANACO MOTORS, C.A. Y
OTROS. En el expediente N° 16-076. CADUCIDAD NULIDAD
ACTA DE ASAMBLEA.

http://historico.tsj.gob.ve/decisiones/scc/Noviembre/192137-
RC.000707-81116-2016-16-076.HTML

[s.S.C. N° 1066-16] Sentencia N° 1066 de fecha 9 de diciembre
de 2016, con ponencia de Lourdes Benicia Suárez Anderson,
caso: Recurso de Nulidad incoado por Héctor Rodríguez Castro.
En el expediente N° 17-0010. CRITERIO VINCULANTE SOBRE
CONVOCATORIA DE ASAMBLEA DE ACCIONISTAS.

http://historico.tsj.gob.ve/decisiones/scon/
diciembre/193697-1066-91216-2016-16-0826.HTML

AÑO 2017

[s.S.C.S. N° 495-17] Sentencia N° 495 de fecha 12 de junio de
2017, con Ponencia de Magistrada Marjorie Calderón Guerrero,
caso: Demanda de reconocimiento de unión concubinaria
interpuesta por ISORA MERCEDES LUNA MELO contra
GIUSEPPE MANNONE IACALONI. En el expediente N° 15-1362.
MATRIMONIO CONCUBINATO PUTATIVO

http://historico.tsj.gob.ve/decisiones/scc/junio/200482-
RC.000432-28617-2017-16-982.HTML

[s.S.C.S. N° 822-17] Sentencia N° 822 de fecha 14 de agosto
de 2017, con ponencia de Jesús Manuel Jiménez Alfonzo, caso:
Recurso de Casación en que las partes fueron Juan José Torres
Silva contra Idenia Coromoto Gómez de Franca. En el expediente
N° 16-723. COMUNIDAD CONYUGAL. DISOLUCIÓN.

http://historico.tsj.gob.ve/decisiones/scs/
agosto/202884-0822-14817-2017-16-723.HTML

AÑO 2019

[s.S.C.S. N° 65-19] Sentencia N° 65 de fecha 11 de abril de 2019, con ponencia de Marjorie Calderón Guerrero, caso: Juicio de partición de comunidad concubinaria incoado por el ciudadano Víctor Rafael Rodríguez Rodríguez. En el expediente N° . PARTICION COMUNIDAD CONCUBINARIA.

historico.tsj.gob.ve/decisiones/scs/abr
il/304434-0065-11419-2019-16-426.HTML

AÑO 2021

[s.S.C.C. N° 31-21] Sentencia N° RC.000031 de fecha 16 de marzo de 2021, con ponencia de Francisco Velázquez Estévez, caso: Recurso de Casación INVERSIONES 4H, C.A. Y OTRA contra ALEXANDER MARTÍN FIACCO PANICO Y OTROS. En el expediente N° 20-153. SIMULACION. HEREDEROS INTERES EVENTUAL O FUTURO.

http://historico.tsj.gob.ve/decisiones/scc/marzo/311459-
rc.000031-16321-2021-20-153.html

[s.S.C.C. N° 127-21] Sentencia N° RyH-127 de fecha 14 de mayo de 2021, con ponencia de Yván Darío Bastardo Flores, caso: ELIO JOSÉ BARRETO y otra contra MERYS ISABEL AMAIZ DE GONZÁLEZ. En el expediente N° 2021-040. Amplía y complementa a la decisión dictada en fecha 5 de marzo de 2021, N° RC-020. RECURSO DE CASACIÓN (Diseño Extraordinario). RECLAMO. RECURSO DE HECHO.

http://historico.tsj.gob.ve/decisiones/scc/mayo/312065-R%20
Y%20H.000127-14521-2021-21-040.HTML

[s.S.C. N° 139-21] Sentencia N° RC.000139 de fecha 26 de mayo de 2021, con ponencia de Guillermo Blanco Vázquez, caso: Recurso de Casación Partes: NILOSKARYN MARYURY MELGAREJO CHACÓN contra BLANCA MIREYA RAMÍREZ SÁNCHEZ. En el expediente N° 18-702. COMUNIDAD CONCUBINARIA. CITACION EDICTOS.

http://historico.tsj.gob.ve/decisiones/scc/mayo/312163-rc.000139-26521-2021-18-702.html

[s.S.C.C. N° 184-21] Sentencia N° RC.000184 de fecha 11 de junio de 2021, con ponencia de Marisela Godoy Estaba, caso: CESAR AUGUSTO ITRIAGO REBOLLEDO contra JESÚS EDUARDO YTRIAGO LÓPEZ Y OTRA. En el expediente N° 20-221. PARTICION. CUESTIONES PREVIAS. ACEPTACIÓN DE HERENCIA. PRESCRIPCION.

http://historico.tsj.gob.ve/decisiones/scc/junio/312341-rc.000184-11621-2021-20-221.html

[s.S.C.C. N° 204-21] Sentencia N° RC.000204 de fecha 6 de julio de 2021, con ponencia de Guillermo Blanco Vázquez, caso: JOSÉ DAVID BLANCO contra OSVALDO BIAGIONI GIANNASI Y OTROS. CASA DE OFICIO Y SIN REENVÍO. En el expediente N° 18-708. CASACION DE OFICIO. PARTICION.

http://historico.tsj.gob.ve/decisiones/scc/julio/312480-RC.000204-6721-2021-18-708.HTML

[s.S.C.S N° 267-21] Sentencia N° 267 de fecha 8 de diciembre de 2021, con ponencia de Marjorie Calderón Guerrero, caso: Recurso de Casación incoado por Lesvia Marisol Aponte contra Heniuska Sohely Franco López y otro, contra la sentencia de fecha 20 de septiembre de 2019, dictada por el Juzgado Superior de Protección de Niños, Niñas y Adolescentes de la Circunscripción Judicial del estado Cojedes, con sede en San Carlos. En el expediente N° 19-293. CONCUBINATO. CAPITULACIONES.

http://historico.tsj.gob.ve/decisiones/scs/
diciembre/315008-267-81221-2021-19-293.html

[s.S.C. N° 652-21] Sentencia N° 652 de fecha 26 de noviembre de 2021, con ponencia de Carmen Zuleta De Merchan, caso: Acción de nulidad en la que se establece con carácter vinculante la interpretación constitucionalizante de los artículos 148 y 149 del Código Civil, determina que los artículos 143 y 144 eiusdem, se interpretaran sin restricción admitiéndose la celebración de las capitulaciones matrimoniales antes de la celebración del matrimonio; o posteriormente durante la vigencia del matrimonio, así como también serán válidas las reformas o modificaciones a las mismas, su sustitución y la reforma; de conformidad con el artículo 77 de la Constitución de la República Bolivariana de Venezuela. Igualmente, se establece con carácter vinculante la interpretación constitucionalizante del artículo 767 del Código Civil regulatorio de la comunidad concubinaria en ausencia de matrimonio, en el sentido de que "En ausencia de las Capitulaciones patrimoniales admitidas en el concubinato por inexistencia o nulidad de las mismas, deberá presumirse la comunidad de bienes salvo prueba en contrario", todo ello a tenor de lo previsto en el artículo 77 de la Constitución de la República Bolivariana de Venezuela. Finalmente, se define que las modificaciones a las capitulaciones matrimoniales, sea durante el matrimonio o durante la unión estable de hecho, podrán hacerse una vez transcurridos cinco (5) años desde la fecha de la última capitulación de bienes efectuada. Se estable la aplicación inmediata de la sentencia a partir de la publicación del criterio vinculante. En el expediente N° 17-0293. Publicada en Gaceta Oficial N° 42.327 del 25 de febrero de 2022 y en la Gaceta Judicial N° 124 del 25 de febrero de 2022.RÉGIMEN DE CAPITULACIONES. CONCUBINATO.

http://historico.tsj.gob.ve/decisiones/scon/
noviembre/314728-0652-261121-2021-17-0293.HTML

AÑO 2022

[s.S.C. N° 831-22] Sentencia N° 831 del 25 de octubre de 2022, con ponencia de Lourdes Benicia Suárez Anderson. Caso: amparo intentada por Vilma María Domínguez. Expediente: 21-0698. PROCEDIMIENTO DIVORCIO POR DESAPEGO.

http://historico.tsj.gob.ve/decisiones/scon/octubre/320213-0831-251022-2022-21-0698.HTML

[s.S.C. N° 1105-22] Sentencia N° 1.105 de fecha 9 de diciembre de 2022, con ponencia de Gladys María Gutiérrez Alvarado, caso: Procedimiento: Amparo en apelación, WILLIAN BAUTE GONZÁLEZ, la Sala Constitucional ordena publicar el fallo en la Gaceta Oficial, la Gaceta Judicial y la página de internet del Tribunal Supremo de Justicia, cuyo sumario será "Criterio vinculante sobre el otorgamiento, modificación, sustitución o revocación y ejecución de las medidas de protección y seguridad dictadas, establecidas en la Ley Orgánica Sobre el Derecho de las Mujeres a una Vida Libre de Violencia" a los fines de hacer extensivo el conocimiento de esta sentencia. En el expediente N° 22-0363.

http://historico.tsj.gob.ve/decisiones/scon/diciembre/321688-1105-91222-2022-22-0363.HTML

AÑO 2023

[s.S.C.C. N° 323-23] Sentencia N° 323 de fecha 2 de junio de 2023, con ponencia de Carmen Eneida Alves Navas, caso: JESÚS GABRIEL SANDIA GARCÍA contra LANNY KARELYS GIL MALAVE. N° EXPEDIENTE: 23-079. PARTICIÓN.

http://historico.tsj.gob.ve/decisiones/scc/junio/325877-000323-2623-2023-23-079.HTML

[s.S.C.C. N° 779-23] Sentencia N° 779 de fecha 1° de diciembre de 2023, con ponencia de Henry José Timaure Tapia, caso: YELITZA CAROLINA JIMÉNEZ contra PABLO JAVIER LAYES MEZZOROTOLO Y OTROS. En el expediente N° 23-231. ACUMULACIÓN DE PRETENSIONES. CASACIÓN DE OFICIO TOTAL y SIN REENVÍO.

http://historico.tsj.gob.ve/decisiones/scc/
diciembre/330731-000779-11223-2023-23-231.HTML

[s.S.C.C. N° 818-23] Sentencia N° 818 de fecha 8 de diciembre de 2023, con ponencia de Henry José Timaure Tapia, caso: Recurso de Casación en que las partes son NELSON ARÍSTIDES QUIROZ CASTELLANOS contra PEDRO MIGUEL LÓPEZ. En el expediente N° 23-567. TÉCNICA CASACIONAL. MOTIVACIÓN. CASACIÓN INÚTIL.

http://historico.tsj.gob.ve/decisiones/scc/
diciembre/331240-000818-81223-2023-23-567.HTML

[s.S.C.C. N° 845-23] Sentencia N° 845 de fecha 8 de diciembre de 2023, con ponencia de Carmen Eneida Alves Navas, caso: GLAYMAR BEATRIZ CONTRERAS DÁVILA Y OTRO contra LOURDES MARBELLA CONTRERAS DÁVILA. En el expediente N° 22-593. PARTICIÓN. OPOSICIÓN. CUESTIONES PREVIAS.

http://historico.tsj.gob.ve/decisiones/scc/
diciembre/331267-000845-81223-2023-22-593.HTML

AÑO 2024

[s.S.C.S. N° 132-24] Sentencia N° 132 del 2 de mayo de 2024, con Ponencia de Elías Rubén Bittar Escalona, caso: Acción mero declarativa de reconocimiento de unión estable de hecho, incoado por la ciudadana VERÓNICA GUADALUPE BADENAS APARICIO, contra la ciudadana VIVIANA KAROLINA GARCÍA JAZPE y otros tres niños y adolescentes, hijos del ciudadano Ubaldo Antonio García Rondón (fallecido), con quien la demandante alega haber mantenido una unión estable de hecho. En el expediente N° AA60-S-2023-000014. CONCUBINATO PUTATIVO.

http://historico.tsj.gob.ve/decisiones/scs/mayo/334140-132-2524-2024-23-014.HTML

[s.S.C. N° 161-24] Sentencia N° 161 del 4 de abril de 2024, con Ponencia de Henry José Timaure Tapia, caso: Demanda por simulación de una venta, ejercida por el ciudadano LUIS ALFONSO ROSALES VEGA, contra los ciudadanos IXORA MARLENE GUTIÉRREZ GOTERA, RENIXA ROMELIA FARRERA GUTIÉRREZ y RENÉ RODOLFO FARRERA GUTIÉRREZ, el demandante y la primera de las codemandadas mantenían una relación concubinaria, del juicio conoció en segunda instancia el Juzgado Superior Cuarto en lo Civil, Mercantil, del Tránsito, y Bancario de la Circunscripción Judicial del estado Táchira, se dictó sentencia definitiva en fecha 28 de octubre de 2022, mediante la cual se declaró con lugar la apelación, procedente la defensa de prescripción de la acción de simulación de venta e inadmisible la acción ejercida. Contra esa decisión la parte demandante ejerció recurso extraordinario de casación. En el expediente N° AA20-C-2023-000478. SIMULACIÓN DE VENTA. CONCUBINATO.

http://historico.tsj.gob.ve/decisiones/scc/abril/333323-000161-4424-2024-23-478.HTML

2.2. PREVIAS A LA INSTALACIÓN DEL TSJ EN EL AÑO 2000.

[s.S.C.C. N° 200-97] Sentencia de fecha 31 de julio de 1997, con ponencia de Héctor Grisanti Luciani. Caso: Juicio de Vicente Emilio Pinto Aranguren y otra contra Luis Miguel Amaro Farfán y otros. En el expediente N° 94-492. JUICIO DE PARTICIÓN.

[s.S.C.C. N° RC.00263-97] Sentencia N° 263 de fecha 2 octubre de 1997, con ponencia de Alirio Abreu Burelli. Caso: Juicio de Antonio Santos Pérez contra Claudencia Gelis Camacho Pérez. En el expediente N° 95-858. JUICIO DE PARTICIÓN.

[s.S.C.C. N° 524-98] Sentencia de la Sala de Casación Civil de la extinta Corte Suprema de Justicia de fecha 15 de julio de 1998, con ponencia de José Luis Bonnemaison W. Caso: Juicio de María de la Cruz Uzcátegui contra Antonio Ramón Vásquez Montilla. En el expediente N° 97-496

[s.S.C.C. N° 613-98] Sentencia N° 613 de la Sala de Casación Civil del 3 de agosto de 1998, con ponencia de Héctor Grisanti Luciani: Caso: Juicio de Carmen Celia López Lugo contra Miguel Ángel Capriles Ayala. En el expediente N°97-586. JUICIO DE PARTICIÓN.

[s.S.C.C. N° 279-98] Sentencia N° 279 de la Casación Civil del 24 de septiembre de 1998, con ponencia de Aníbal Rueda. Caso: Juicio incoado por Simón Moreno Tovar. En el expediente: 98-172. JUICIO DE PARTICIÓN.

Made in the USA
Columbia, SC
10 November 2024

45753882R00120